王陽明

張君勱／著
江日新／譯

中國十六世紀的唯心主義哲學家

東大圖書公司

王陽明

中國十六世紀的唯心主義哲學家

目次

張序

張敦華

王陽明先生是四百多年前的哲學家，在接近廿一世紀的今日，將先父在三十年前所寫的英文書以中文譯出呈現在重經濟發展、重科技、重實驗的國人前，真有其意義及必要嗎？如果在廿一年前，先父剛過世時要我回答這問題，我的答案會像一般人一樣是否定的。可是在臺灣工作十餘年，又在美國多年觀察世界的局勢之後，再去研究先父的著作，我才能洞察他在選擇寫作題材時的苦心及動機。溝通中西思想文化，尤其是從基本的哲學、心理學及宗教範圍以內的問題著手，已成為我這幾年有興趣研究的重點；因此當江日新先生將先父著作原文譯畢要我寫「序」時，我欣然答應了。希望能從我認識的角度，將王陽明先生思想在廿一世紀應被重視的特點寫出來給大家研究參考。

當陽明先生才十一歲時，曾問他的私塾老師怎樣才算是一個人第一流的成就，他的老師回答說，只有好好讀書做官才是最值得的。陽明先生不但不接受這種說法，居然反駁說，最重要的應該是：「讀書學聖賢耳」。從王陽明日後的表現及著作，我們可以看出他一直未放棄十一歲即有的志向。根據孔夫子與孟夫子所給我們的典範，中國傳統的聖賢向來不以隱居或言行傳世為滿足，他們大都以入世而不受世俗的污染為己任，而他們的仁義惻隱愛人如己之心也充分表現在以身作則、關心百姓生活、上書皇帝等行為上。也就是希望從仁政良策上照顧大眾，與佛家的為眾生而下地獄，耶穌的被釘死於十字架上以救世人的精神大同小異，殊途同歸。

十八歲時，陽明先生第一次參加科第考試。當同伴們為未能考取而感到羞恥時，他說為了落第而失望才使他真正感覺羞恥。這句話足以證明他十一歲時認為讀書及第並不比成聖賢重要的念頭，仍存在他的心中。

考試的前一年，為印證朱熹學說每一物必有其表裏之原則，十七歲的陽明花費了很多時間觀察他家種的竹子。結果為沉思過久而病倒。一直到九年後有一晚，他忽然領悟聖人之道必須從認識本性為基本，而不必隨時求之於事物中。由於他有自已親身的體驗及領悟，從此他膽敢向當時儒家思想最具權威的朱熹挑戰；以「知行合一」為其學問的宗旨。假如他對本身的純正動機、思考方式有所懷疑或顧慮，他能如此指導來向他求教的門人嗎？

我們知道在儒家傳統中，孟夫子是第一位提出「良知」或內在認知能力的人，他認為良知是與生俱來的。一直到宋明兩代的陸象山、王陽明這種思想才再度被重視。陽明先生認為「良知」就好像光明而富有能量的太陽，幫助我們分辨是非。但是他也強調「良知」或「心」必須要保持純潔無私，才能發揮它真正的功能。也許我們要問為什麼在孟夫子之後，一直要等到宋明時代才又有學者重視「良知」，並且由王陽明先生闡發其精微奧義。雖然禪學的盛行有其影響面，不過根據這三十年來發展心理學與對資賦優異兒童的研究發現，孟夫子與王陽明生長的環境頗有相同處：孟夫子是在有愛心有智慧及德行的孟母督促下學習成功的，而王陽明則自幼有他祖父與父親的愛護任他發揮。也就是說他們沒有過份專制的父兄或師長嚴格強迫他們學習。王陽明的「自信」來自他健全的人格發展。他能重實踐而不只是高談闊論，來自他成熟的情緒發展，使他成為宋明以後中國歷史上最具創意的思想家。

最後一點值得我們注意的是王陽明的哲學在日本的影響：「由於陽明學斥拒書傳的權威性，推重實踐的主體道德，並堅持要自發的學習，自發地責令自己，以企達對真理的直覺認知，這些說法由於他們可以讓人擺脫傳統主義，及免卻賣弄學問，因此經常吸引日本上層階級最具活力和最有思想的人。」以上這段話出自吉田松蔭，而他被視為日本明治維新幕後的功臣。先父在結束另一篇〈王陽明的哲學〉短文時，亦做了以下的結論：「從陽明思想在日本造成正面的影響來看，很明顯他的哲學具有很強的活力，因此它還有希望在遠東重新復活。」我希望這是先父的預言，也是提示或警告。「知難行易」或「知易行難」的爭論，在心理常識逐漸普及的今日已無大必要。惟有重視不同的認知方式，包括「良知」的培育，以及發展個人潛力及創造能力的國家才能在此科技極度發達的世界，不受物質享受的誘惑而鼎立天地之間。日本能在戰敗後短短四十五年內再度成為世界第一流經濟大國，工業發展一日千里，就是最好的例子。他們的專家學者（前面所提那批上層階級的人士）決不是盲從引進西方思想、科技及經濟政策，而是極有選擇的、有計劃的逐步學習別人的優點，同時以不失其民族文化特性為主。也可以說陽明思想在明治維新時代所留下的活力仍為他們上層人士學者專家的思想主導。但願先父的「預言」也會在有國人存在的地方盛行並受當權領袖們的重視！

譯序

本書的中譯工作應當歸功於程文熙先生，當時程文熙先生為籌畫張君勱先生百年誕辰事宜，曾設計了一些工作，除學術討論會外，他希望另外出版一些紀念文字，其中包括張氏在其自辨《自由鐘》（美版）上所撰評錢穆《中國傳統政治》一系列文字（此連載已經由張子文先生整理完竣，交臺北弘文館書局於民國七十五年出版，書題改為《中國專制君主政制之評議》），以及張氏舊著《新德國民主政象記》的重刊等事宜。程先生所以責付於譯者則有幾事，即將張氏《新儒家思想史》舊譯稿重校訂一遍，以便能正式出版發行，另外就是要我將張君勱先生用英文寫作，收列入於聖若望大學亞洲哲學叢刊的《王陽明》(*Wang Yang-Ming, The Idealist Philosopher of 16th Century China*, New York: St. John University Press, 1962) 一書中譯，以及編輯張氏著作目錄。當時，譯者首先從事《王陽明》一書中譯工作，並一方面輯錄張氏著作目錄，但兩事皆因其他許多事情的羈絆，進行得極不順利。而程先生當時又因胃癌開刀，每次與他見面，總覺得他精神日衰，結果不幸於民國七十四年五月十六日去世。而程先生交付於我的工作，卻均未能於其生前完成，這是一件極令人遺憾的事。後來個人又因出國進修的關係，於行前匆匆將「著作目錄」，以闕殆的態度作個暫時的結束，先交負責張君勱先生百年冥誕紀念籌備會的王世憲先生；至於《新儒家思想史》的校訂，也因資料的不足及原稿在某些引文的注腳上的錯亂，至今仍不得一徹底的整理更正，此事或仍有待於日後再覓餘暇以補正，否則何以堪慰程文熙先生？

其次談到何以翻譯張君勱先生這本談陽明思想的書。事實上，張氏論陽明思想的書，中文除自著《比較中日陽明學》（臺北，一九五五）一書極論陽明思想的內涵，後學的遞衍，以及在中、日兩地的各殊結果外，其晚年鉅著 *The Development of Neo-Confucian Thought* 兩卷亦已在程文熙先生主持下翻譯出來付梓了。因此欲窺見張君勱先生於王陽明一系思想的見解，資料事實已經不缺了。不過譯者所以承接程文熙先生的囑付，將此書再譯成中文，其原因有二：一是有關張氏思想的晚年發展。陽明思想與孟子思想的研究和解釋是張氏哲學反省的一個重點，他的許多著文，隨時隨處都展露出其睿見，預示了主體性哲學在未來哲學思想上的地位及價值（關於此點譯者準備別撰一文說明）。因此任何資料的掌握，都或多或少能幫助我們更正確地把握張氏在此方面論述上的真正意圖及洞見。其次，張氏這本英文著作是其晚年著作中集中說明陽明哲學的完整著作，由此書較能全幅窺見其關於陽明思想的論點，因此之故，譯者乃敢不揣淺陋應囑翻譯此書，其或有絲毫貢獻於張君勱先生思想之研究者，則萬幸焉！

張氏此書原分五章，前並冠叢書編輯者薛光前博士之序，末繫王陽明序象山文集重刊一文之張氏英譯。今薛序及英譯王陽明〈象山文集序〉二文，本譯稿將之刪去，另外以張氏發表於一九五四年 *Philosophy East and West* 的 Wang Yang-Ming's Philosophy 一文譯出作為附錄一，又另外再加上一篇本人由英文譯出之施友忠先生的論文〈心與道德秩序〉，以作為附錄二。以上是本書中譯上的幾點說明，除此之外，關於譯文亦有幾點應當交待的，今分述如下：

一、關於第一章〈王陽明的生平〉，原書此章張氏基本上是根據《王陽明年譜》的記載簡縮寫成的。但由於截頭去尾之故，原書中的敘述顯得有些零亂，其中甚至有些繫年錯置，並且原書也沒有標出年號干支，僅只標以西曆年月，使得中文讀者有相當不便，以及未易於對原年譜作覆按。因此譯者於此章基本上採取依張氏原文逕將原譜相當段落抄入本文，並將《年譜》各繫年一一標注出，以便讀者覆按，其若有讀者覺譯文與英文原作有所出入，其故因此，而譯者亦希望此舉有不大謬於譯書之咎。

其次，張氏原書徵引部分均未加注出處，茲今於還原為本文同時，於各條分別標明出處。其中關於陽明《傳習錄》徵引為最多，而《傳習錄》一書舊來只概分上中下三卷，今茲於卷上，自始問答逐項標碼，由一以至一三一共得一三一條，中卷為摘錄書函各段，標碼則從各往復函者名下標段數，下卷例同卷上，計得一三九條，茲於引文還原時，即標其各碼於文末，希能有便於讀者覆按，又因此標碼，國內出版迄今未有一可循標準，爰乃出自一己臆度，希望不有大背於諸賢者，另或可於此弁繫一言者，此諸籍之定本定碼的製造，或亦是我國學者之精於校勘者之一大有便於日後學者的偉大貢獻乎。

最後譯者願意在此對曾助成此書翻譯各位師友致謝，程文熙先生的交付以及鼓勵是本譯稿所以能完成的根本原因，譯者願意將此譯文獻作紀念他之在天之靈。此外李敏小姐曾代查傅大士〈心王銘〉等條文，茲並於此表示謝意，其他於此則不再一一了。

第一章　王陽明的生平

王守仁，俗稱王陽明，生於西元一四七二年，亦即明憲宗成化八年；十一歲時隨祖父到北京省父，過金山寺，祖父與客酒酣，擬賦詩未成，陽明從旁賦曰：

金山一點大如拳，
打破維揚水底天，
醉倚妙高臺上月，
玉簫吹徹洞龍眠。

客人聞道，大感驚異，復命賦蔽月山房詩，不一刻陽明先生隨口賦道：

山近月遠覺月小，

便道此山大於月，
若人有眼大如天，
還見山小月更闊。❶

同年陽明嘗問塾師：「何為第一等事？」塾師答說：「惟讀書登第耳。」這位小孩子卻懷疑說：「登第恐未為第一等事，或讀書學聖賢耳。」他的父親龍山公聽了，笑著對他說：「汝欲做聖賢耶！」❷

及弱冠，他出遊居庸三關，於是乎慨然有經略四方之志，留月餘而回。一日夢謁漢朝伏波將軍馬援廟，賦詩道：

卷甲歸來馬伏波，
早年兵法鬢毛皤，

❶《年譜》：憲宗成化十八年壬寅。
❷《年譜》：成化十八年壬寅。

雲埋銅柱雷轟折，
六字題文尚不磨。❸

許多年後，王陽明即在此廟去世，因此這首詩被視為他一生事功及歿亡之處的預言。

陽明先生迎娶夫人諸氏合巹之日，傳說他偶閑行入鐵柱宮，遇一道士趺坐榻上，即而叩之，因聞養生之說，因此對坐忘歸，直到次日才被人尋獲❹。

西元一四八九年，陽明先生攜同夫人，由江西返浙江餘姚故里，舟行至廣信，謁見婁一齋諒，語宋儒格物之學，謂聖人必可學而至，遂深契之❺。後來，為印證「格物」之理，剛好其父官署中多竹，即取竹格之——因為朱子曾謂眾物必有表裏

---

❸《年譜》：成化二十二年丙午。

❹《年譜》：孝宗弘治元年戊申。

❺《年譜》：弘治二年己酉。

精麄，一草一木皆涵至理，可是他始終沉思其理不得，遂遇疾❻。

此後他隨世就辭章之學，希望能通過科第取士的功名。第二年春天，會試時落榜，同考的人有以不第為恥，陽明先生安慰他們說：「世以不得第為恥，吾以不得第動心為恥。」❼後來，他終於在己未年會試，舉南宮第二人，賜二甲進士出身第七人，觀政工部❽。這時候他很關心邊界事，及聞韃虜猖獗，先生復上邊務八事，言極剴切❾。

西元一五〇〇年，他轉任刑部雲南清吏司主事❿，後二年疏請告病歸越，此時於詩文才名之興滅甚，並以佛道之教為非；於鄉里聞說有僧坐關三年不語不視，先

❻《年譜》：弘治五年壬子。

❼《年譜》：弘治五年壬子。

❽《年譜》：弘治十二年己未。

❾《年譜》：弘治十二年己未。

❿《年譜》：弘治十三年庚申。

生喝之曰：「這和尚終日口巴巴說甚麼！終日眼睜睜看甚麼！」僧驚起，即開視對語；先生問其家，對曰：「有母在。」曰：「起念否？」對曰：「不能不起。」先生即指愛親本性喻之，於是僧悟而還家⓫。

次年秋，主考山東鄉試，九月轉兵部武選清吏司主事⓬；再次年，即西元一五〇五年，始收學生，教以先立必為聖人之志⓭。

三十五歲乃是王陽明一生的大轉捩點，是時明武宗初臨政，宦官劉瑾竊柄，有直官戴銑、薄彥徽等以諫忤旨，逮繫詔獄，陽明先生首抗疏救之，以是忤閹宦劉瑾，亦下詔獄，已而廷杖四十，既絕復甦，尋謫貴州龍場驛驛丞⓮，赴謫道中，劉瑾遣人隨偵，先生有詩誌當時純良承擔之心：

⓫《年譜》：弘治十五年壬戌。
⓬《年譜》：弘治十七年甲子。
⓭《年譜》：弘治十八年乙丑。
⓮《年譜》：武宗正德元年丙寅。

險夷原不滯胸中，
何異浮雲過太空，
夜靜海濤三萬里，
月明飛錫下天風。⓯

王陽明謫官龍場驛丞，龍場位於貴州西北萬山叢棘中，蛇虺魍魎蠱毒瘴癘與居。夷人鴂舌難語，又舊無居所，乃教以範土架木以為居所。時閹瑾憾無已，自計得失榮辱皆能超脫，惟生死一念，尚覺未化，乃為石墎自誓曰：「吾惟俟命而已。」一日夜端居澄默，以求靜一，久之，胸中灑灑。而從者皆病，自析薪取水，作糜食之，又恐其懷抑鬱，則與歌詩，又不悅，復調越曲，雜以詼笑，始能忘其為疾病夷狄患難也，因念聖人處此，更有何道⓰！

⓯《年譜》：正德二年丁卯。
⓰《年譜》：正德三年戊辰。

除此之外，陽明先生更致思「格物」、「致知」之理。陽明先生學問本據朱子，以物、知二分而無相涉，然自格竹以後，常疑而不決。至此忽中夜（於一五〇八年）大悟格物致知之旨，寤寐中若有人語之者，不覺呼躍，從者皆驚，始知聖人之道，吾性自足，向之求理於事物者誤也。乃以默記五經之言證之，莫不脗合，因著《五經臆說》，此作共有十三條，並附加一序，具載於王陽明的文集中，王陽明曾思注五經，不久旋棄置之⓱。

謫處龍場，王陽明悟舉「知行合一」為其學問宗旨，其後，他的學生徐愛因未會陽明「知行合一」之教，於是決於陽明先生，先生曰：「試舉看！」愛曰：「如今人已知父當孝，兄當弟矣，迺不能孝弟，知與行分明是兩事。」先生曰：「此被私慾隔斷耳，非本體也。聖賢教人知行，正是要人復本體。故《大學》指出真知行以示人曰：『如好好色，如惡惡臭。』夫見好色屬知，好好色屬行；只見色時，已

⓱《年譜》：正德三年戊辰。

是好矣！非見後而始立心去好也。聞惡臭屬知，惡惡臭屬行，只聞臭時，已是惡矣，非聞後而始立心去惡也。又如稱某人知孝，某人知弟，必其人已曾行孝行弟，方可稱他知孝知弟，此便是知行之本體。」

徐愛又曰：「古人分知行為二，恐是要人用功有分曉否？」陽明先生回答說：「此正失卻古人宗旨，某嘗說知是行之主意，行實知之功夫，知是行之始，行實知之成……。」⑱

這一段陽明先生謫居於龍場的師生問答，我們可以從中窺見其哲學系統的基礎。三年後他陞任廬陵知縣，貶謫結束⑲。

及閹宦劉瑾伏誅後，先生復為朝廷重用，任司要職，然而他仍聚同道講學，總要其言，則唯「不如崇令德，掘地見泉水，隨處無弗得」⑳。

⑱《年譜》：正德三年戊辰。
⑲《年譜》：正德五年庚午。
⑳《年譜》：正德九年甲戌。

正德十一年九月陽明先生陞都察院左僉都御史，巡撫南贛汀漳等處，時汀漳各地有巨寇為患，尚書王瓊特舉先生以治之㉑。治盜之事，陽明先生以為當設縣立政以為防，他說：「蓋盜賊之患，譬諸病人，興師征討者，針藥攻治之方，建縣撫輯者，飲食調攝之道，徒恃攻治，而不務調攝，則病不旋踵，後雖扁鵲倉公，無所施其術也。」㉒

當治盜時，先生仍聚諸生三十人，日與講論《大學》本旨，指示入道之方；同年並刊行《朱子晚年定論》一書㉓。

及正德十四年己卯，寧王宸濠叛，陽明先生起義兵。寧王本封於江西南昌，叛，謀擬徑襲南京，遂犯北京；其謀若遂，則勢力必坐大而危及朝廷矣！為此，陽明先生念兩京倉卒無備，欲沮撓之，使遲留旬月，於是故意偽作兩廣機密大牌、備

㉑《年譜》：正德十一年丙子。
㉒《年譜》：正德十二年丁丑五月。
㉓《年譜》：正德十三年戊寅七月。

兵部咨、及都御史顏咨，搖亂宸濠心志，果然宸濠疑忌，延遲未發[24]。及接兵，陽明先生以軍謀成功，不及四十天而平寧王之亂。由是先生聲名大噪；至此，陽明先生非但為一書生，亦無愧為一能軍略的全才。陽明先生雖處征討宸濠軍事，仍與諸生講論學問不輟。

嘉靖元年壬午，王陽明的父親龍山公卒，遵古禮居喪三年，當時新皇帝世宗擢先生為南京兵部尚書，但他實仍居喪於家[25]。

武宗正德十五年到世宗嘉靖三年，陽明先生完成甚多論著。正德十五年曾致書羅欽順（整庵）論《大學》古本之恢復；同年並得王艮為弟子[26]，陽明先生於此事並謂門人曰：「向者吾擒宸濠，一無動，今卻為斯人動矣。」[27]十年，先生始揭「致

[24]《年譜》：正德十四年己卯六月。
[25]《年譜》：世宗嘉靖元年壬午。
[26]《年譜》：正德十五年庚辰九月。
[27]見《明儒學案》，卷三十二，〈心齋學案〉。

良知」之教，直下認取知行之合一，後諸生聞謗議先生者日多，因相與論言，先生曰：「諸君且言其故。」有曰：「先生勢位隆盛，是以忌嫉謗。」有言：「先生學日明，為宋儒爭異同，則以學術謗。」有言：「天下從遊者眾，與其進不保其往，又以身謗。」先生曰：「三者誠皆有之，特吾自知諸君論未及耳！」請問。曰：「吾自南京已前，尚有鄉愿意思。在今只信良知真是真非處，更無揜藏迴護，纔做得狂者，使天下盡說我行不揜言，吾亦只依良知行。」㉘此段話乃陽明自指出其所行惟依據於良知，更不復管他人道是道非。

及居喪期滿（一五二四年，即嘉靖三年甲申），陽明命侍者設席碧霞池（天泉橋）宴諸弟子，在侍門人有百餘人，酒半酣，歌聲漸動，久之，或投壺聚算，或擊鼓，或泛舟，先生見諸生興劇，退而作詩，有「鏗鏗舍瑟春風裏，點也雖狂得我情」

㉘《年譜》：世宗嘉靖二年癸未。

之句㉙。

及嘉靖六年丁亥九月初八日，錢德洪偕王畿訪張元沖舟中，因論為學宗旨，其所論辯主題則為陽明著名的四句教：

無善無惡心之體，
有善有惡意之動，
知善知惡是良知，
為善去惡是格物。

此論辯先是由王畿致疑曰：「先生說知善知惡是良知，為善去惡是格物，此恐未是究竟話頭。」德洪曰：「何如？」畿曰：「心體既是無善無惡，意亦是無善無

㉙《年譜》：嘉靖三年甲申八月，作者於原書敘述本年宴諸弟子於天泉橋，而與教示錢德洪、王畿之四句教辯相混淆，今茲從《年譜》所記，分述為本條，及嘉靖六年丁亥之四句教辯。——譯者附識。

惡，知亦是無善無惡，物亦是無善無惡。若說意有善有惡，畢竟心亦未是無善無惡。」德洪曰：「心體原來無善無惡，今習染既久，覺心體上見有善惡在，為善去惡，正是復那本體工夫，若見得本體如此，只說無功夫可用，恐只是見耳！」畿曰：「明日先生啟行，晚可同進請問。」是日夜分，客始散，先生將入內，聞洪與畿候立庭下，先生復出，使移席天泉橋上，德洪舉與畿論辯請問，先生喜曰：「正要二君有此一問，我今將行，朋友中更無論證及此者。二君之見正好相取，不可相病。汝中須用德洪功夫，德洪須透汝中本體。二君相取為益，吾學更無遺念矣。」德洪請問，先生曰：「有只是你自有，良知本體原來無有，本體只是太虛，太虛之中，日月星辰，風雨露雷，陰霾曀氣，何物不有？而又何一物得為太虛之障？人心本體亦復如是，太虛無形，一過而化，亦何費纖毫氣力，德洪功夫需要如此，便是合得本體工夫。」畿請問。先生曰：「汝中見得此意，只好默默自修，不可執以接人，上根之人，世亦難遇，一悟本體，即見工夫，物我內外，一齊盡透，此顏子明道不敢承當，豈可輕易望人？二君已後與學者言，務要依我四句宗旨：

無善無惡，是心之體；

有善有惡，是意之動；

知善知惡，是良知；

為善去惡，是格物。」㉚

這一論辯甚為重要，蓋日後陽明後學有以「無善無惡」直視為陽明學問的根本所在，此一誤解終導致王陽明日趨偏激墮落。

由於皇帝之命令，陽明受命征廣西思田叛賊㉛，至思田，陽明佈告叛賊，略謂自解散歸者不究前過，因此叛事迅速即得平靖；以之陽明再於思田之地興設學校，教育民眾㉜。

同年（即嘉靖七年，一五二八年），陽明患赤痢症，並為炎毒所困，養病中，陽明拜謁馬伏波廟。馬伏波即東漢征服安南的名將，其廟在廣西南寧。陽明先生於

㉚《年譜》：嘉靖六年丁亥。
㉛《年譜》：嘉靖六年丁亥。
㉜《年譜》：嘉靖七年戊子。

十五歲時嘗夢謁伏波將軍廟，至是乃親拜其廟下，宛如在夢中，謂茲行殆非偶然，因識二詩，其中一首如下：

> 四十年前夢裏詩，
> 此行天定豈人為，
> 徂征敢倚風雲陣，
> 所過如同時雨師。
> 尚喜遠人知向望，
> 卻慚無術救瘡痍，
> 從來勝算歸郎廟，
> 恥說干戈定四夷。[33]

陽明先生卒於嘉靖七年十一月乙卯（即一五二九年一月九日）[34]，靈柩運回故

---

[33]《年譜》：同前條。
[34]《年譜》：見前條。

里安葬。然陽明先生之思想，在晚明一段期間曾引起學者的廣大反應，並形成一支極具激發力的思想學派。

第二章 王陽明的哲學系統

王陽明用以建立其哲學體系的基本信念，乃是深信吾人所居世界有昭明靈覺在。其學說大略可分析如下：

一、人心即宇宙底心。

二、心知即就是實在底核心，亦即實在含藏於意識之中。

三、物事之理，由知而得以明；物事不外於吾人，其亦即是為意之所對。

四、宇宙是一整體，人為其中心；人皆是同胞手足，天地萬物與人原是一體。

五、若無心或無良知，宇宙亦不會動。

六、物或自然世界即是心所作用之物。

由於王陽明主張的是存有論的觀念論（ontological idealism），因此他不可能承認康德對本體和現象間所做的區分；也不會同意康德將知識畫分成既予事實以及心靈對這一實在的構成兩橛（也就是王陽明不把知識畫分成感官、感性及悟性形式）。對王陽明來說，知的行為及程序與所知的東西是同一物；理性是根本的本質，理性經由心的活動而知。

王陽明的前提是世界的靈明。良知並不僅限於人類，它可以擴充到所有有生命的東西，乃甚至擴充到無生命的東西。他說：「人的良知，就是草木瓦石的良知，若草木瓦石無人的良知，不可以為草木瓦石矣……天地無人的良知，亦不可以為天地矣。」（《傳習錄》下第七十二條）別處王陽明又說：

「可知充天塞地中間只有這個靈明，人只為形體自間隔了。我的靈明，便是天地鬼神的主宰。天沒有我的靈明，誰去仰他高？地沒有我的靈明，誰去俯他深？鬼神沒有我的靈明，誰去辨他吉凶災祥。天地鬼神萬物離卻我的靈明，便沒有天地鬼神萬物了。我的靈明離卻天地鬼神萬物，亦沒有我的靈明。如此便是一氣流通的，如何與他間隔得？」（《傳習錄》下第一三三條）

我們無法確切地說王陽明相信「物活論」(hylozoism)，也就是說他相信萬物都具有生命這種學說；但因為他的說法中隱約地認為動、植物能養人，以及藥石能砭治我們的疾病，故在有生命及無生命的世界與人類世界這兩方面之間必定有一種精靈上的近似關係。

靈明之存在於宇宙中心這一點是王陽明的根本信仰。在這中心，人緊密地與在吾人之上的超感官世界和底下的塵世相連在一起。宇宙是一整體，人為其中心。

王陽明常引述《中庸》。如：「《詩》云：『鳶飛戾天，魚躍于淵。』言其上下察也。」（《中庸》第十二章）目可見到的是鳥在天上飛著，魚在汪洋池水中游著，但在此背後卻包含著許多奧秘之事，靈明的物事亦正就是和諧的宇宙整體。

中國哲學家不但告訴我們人是什麼，並且還告訴我們人應該是什麼。王陽明總結地說：「大人者，以天地萬物為一體者也。其視天下猶一家，中國猶一人焉。若夫間形骸而分爾我者，小人矣。」（〈大學問〉）王陽明更將此一體的意思推擴到無生命之物，使感情之物造於哲學之境：

「大人之能以天地萬物為一體也，非意之也。其心之仁，本若是。其與天地萬物而為一也，豈惟大人，雖小人之心，亦莫不然。……是故見孺子之入井，而必有怵惕惻隱之心焉，是其仁之與孺子而為一體也，孺子猶同類者也。見鳥獸之哀鳴觳觫，而必有不忍之心焉，是其仁之與鳥獸而為一體也，鳥獸猶有知覺者也。見草木之摧折，而必有憫恤之心焉，是其仁之與草木而為一體也，草木猶有生意者也。見瓦石之毀壞，而必有顧惜之心焉，是其仁之與瓦石而為一體也，是其一體之仁也。雖小人之心亦必有之，是乃根於天命之性，而自然靈昭不昧者也，是故謂之明德。」（〈大學問〉）

有人問陽明，天下既皆依仁愛而行，為何《大學》還要講先後厚薄呢？（譯按：《傳習錄》下第七十四條「問：『大人與物同體，如何《大學》又說個厚薄？』」）陽明回答說：

「惟是道理自有厚薄。比如身是一體，把手足捍頭目，豈是偏要薄手足，其道理合如此。禽獸草木同是愛的，把草木去養禽獸，又忍得；人與禽獸同是愛的，宰禽獸以養親，與供祭祀，燕賓客，心又忍得；至親與路人同是愛的，如簞食豆羹，得則生，不得則死，不能兩全，寧救至親，不救路人，心又忍得，這是道理合該如此。……《大學》上所謂厚薄，是良知上自然的條理，不可逾越，此便謂之

義。……」(《傳習錄》下第七十四條)

王陽明的宇宙是有感覺、有道德之人與同具有靈明知覺的動植物共同生存的世界。這一種宇宙是有目的的,因為在其中主持的乃是意識法則和道德價值。

王陽明以仁為一切德性的根本,有一位學生舉程明道「仁者以天地萬物為一體」來問陽明:「何墨氏兼愛,反不得謂之仁?」陽明的回答是:

「此亦甚難言,須是諸君自體認出來始得。仁是造化生生不息之理,雖瀰漫周遍,無處不是,然其流行發生,亦只有個漸,所以生生不息。如冬至一陽生,必自一陽生,而後漸漸至於六陽;若無一陽之生,豈有六陽。陰亦然。惟其漸,所以便有箇發端處;惟其有箇發端處,所以生;惟其生,所以不息。譬之木,其始抽芽,便是木之生意發端處;抽芽然後發榦,發榦然後生枝生葉,然後是生生不息。若無芽,何以有榦有枝葉?能抽芽,必是下面有箇根在;有根方生,無根便死。無根何從抽芽?父子兄弟之愛,便是人心生意發端處,如木之抽芽;自此而仁民,而愛物,便是發榦生枝生葉。……」(《傳習錄》上第九十五條)

換言之,仁的意思與萬物有其共同的源頭根由,它是精神的,並且也是經驗的，是形而上的，同時也是形而下的。這一學說最能說明道德價值的形而上理論是如何深刻地建立在人類的實際生活上，和形而下的是建立在形而上的真理中。

王陽明關於萬物一體的觀念，底下一段討論人之普遍感官的作用的話最能說明：

「目無體，以萬物之色為體；耳無體，以萬物之聲為體；鼻無體，以萬物之臭為體；口無體，以萬物之味為體；心無體，以天地萬物感應之是非為體。」（《傳習錄》下第七十五條）

由此，人心不但以各種方式特化成知識，並且廣泛地收納宇宙各種現象。陽明以底下兩種觀點討論他的「心」的理論：(1)自然義的心；(2)規範義的心。他經常將這兩種觀點並用，以自然義始，而以規範義終。

「蕭惠曰：『惠亦頗有為己之心，不知緣何不能克己？』
先生曰：『且說汝有為己之心是如何？』
惠良久曰：『惠亦一心要做好人，便自謂頗有為己之心。今思之，看來亦只是為得個軀殼的己，不曾為個真己。』

先生曰：『真己何曾離著軀殼？恐汝連那軀殼的己也不曾為。且道汝所謂軀殼的己，豈不是耳、目、口、鼻、四肢？』

惠曰：『正是為此；目便要色，耳便要聲，口便要味，四肢便要逸樂，所以不能克。』

先生曰：『美色令人目盲，美聲令人耳聾，美味令人口爽，馳騁田獵令人發狂，這都是害汝耳、目、口、鼻、四肢的，豈得是為汝耳、目、口、鼻、四肢！若為著耳、目、口、鼻、四肢時，便須思量耳如何聽，目如何視，口如何言，四肢如何動；必須非禮勿視、聽、言、動，方才成得個耳、目、口、鼻、四肢？這個才是為著耳、目、口、鼻、四肢，汝今終日向外馳求，為名、為利，這都是為著軀殼外面的物事。汝若為著耳、目、口、鼻、四肢，要非禮勿視、聽、言、動時，豈是汝之耳、目、口、鼻、四肢自能勿視、聽、言、動？須由汝心。這視、聽、言、動，皆是汝心，汝心之視，發竅於目，汝心之聽，發竅於耳，汝心之言，發竅於口，汝心之動，發竅於四肢；若無汝心，便無耳、目、口、鼻。所謂汝心，亦不專是那一團血肉；若是那一團血肉，如今已死的人，那一團血肉還在，緣何不能視、聽、言、動？所謂汝心，卻是那能視、聽、言、動的。這個便是性，便是天理。有這個性，才能生這性之生理，便謂之仁。這性之生理發在目，便會視，發在耳，便會聽，發在口，便會言，發在四肢，便會動，都只是那天理發生。以其主宰一身，故謂之心。這心之本體，原只是個天理，原無非禮。這個便是汝之真己，這個真己是軀殼的主宰。若無真己，便無軀殼，真是有之即生，無之即死。汝若真為那個軀殼的己，必須用著這個真己，便須常常保守這個真己的本體，戒慎不覩、恐懼不聞，惟恐虧損了他一些，才有一毫非禮萌動，便如刀割、如針刺，忍耐不過，必須去了刀，拔了針。這才是有為己之心，方能克己。……』」（《傳習錄》上第一二四條）

在這段討論心的文字中，王陽明首先以自然義的層面開始，而以規範的層面結束。換言之，他的結論是提出心所當為的事來，而不單只是說明心實地上為何。在規範的意義上，心即理。

底下是陽明著作中關於心的三種定義。

心之體，性也，性即理也。（《傳習錄》中〈答顧東橋書〉第四條）

心外無理。

至善是心之本體。

從這些定義中，王陽明進而說明心的本性。

「……心即理也。天下又有心外之事，心外之理乎？……且如事父，不成去父上求個孝的理，事君，不成去君上求個忠的理，交友、治民，不成去友上、民上求個信與仁的理；都只在此心，心即理也，此心無私慾之蔽，即是天理，不須外面添一分。以此純乎天理之心，發之事父便是孝，發之事君便是忠，發之交友、治民便是信與仁。……」（《傳習錄》上第三條）

上述即是陽明「心即理」的意義，「心即理」這一說法我們知道是始出於陸象山。王陽明步隨陸象山這位傑出的先驅，因而更加地脫離二程、朱子學派的影響。根據程朱一系的傳統是「性即理」。程朱學派固持心性二分之說，認為理掛搭於性，性占在較高地位；占在較低地位的是感知意識所占據的心。但我們倘若以為陸王完全放棄心性二分之說，那就錯了。事實上，他們是將兩個層次融合成單一的心——因為理必須由心來表現，尤其是必須透過心的思想歷程來表現。

稱陽明為陸象山的追隨者並不誇張。在「心即理」的說法上，兩人的學說完全一樣。但是陽明的整個系統比象山還更具包容，更精密些。「心即理」的理論到了王陽明的體系中，其意義才發展得更為豐富。

「良知」一詞在陽明的講學中曾多次提及，「良知」一詞指的是內在的認知能力。陽明將「知」與道德上的良心、良知看成是同樣意義。王陽明指出：「良知之在人心，無間於賢愚。」（《傳習錄》中〈答聶文蔚〉第一書）它亦即是良心或眾人共有之知，並且是「天下古今之所同也」（同前條）。良知是常存不滅的，人若不善加維持，將必失掉它。良知本身清明澄澈，無絲毫愚闇；若人不知道要對良知時加拂拭，它必將蒙塵；亦由於不加拂拭之故，因此它雖本質上卓具光輝、澄澈而明晰，但終還是要蒙垢不彰一陣子。

王陽明認為良知是理或實在的部分。他說：「知是理之靈處。」（《傳習錄》上第一二〇條）又說：「良知是天理之昭明靈覺處。」（《傳習錄》中〈答歐陽崇一書〉第二段）故說：「故良知即是天理。」（同前條）

接著王陽明又說：「良知發用之思，自然明白簡易，良知亦自能知得。若是私意安排之思，自是紛紜勞擾，良知亦自會分別得。蓋思之是非邪正，良知無有不自知者。」（同前條）

由此所以說良知「常照則如明鏡之懸，而物之來者，自不能遁其妍媸矣」（同前條第四段）。

至此所引王陽明論良知各段，已明白表示此一良知乃是出於純粹及實踐理性之作用者。但若吾人從他方面看此一良知，則王陽明在另一段文字中恰有一切妙的描寫：

「心之本體，無起無不起，雖妄念之發，而良知未嘗不在。」（《傳習錄》中〈答陸原靜書〉第二段）

換言之，當你好樂於一個良善的意念時，良知即能發展它，若好樂於惡的意念，良知便會防阻它。在這段文字中，良知儼然是意志了。

王陽明亦將良知當為情感因素。王陽明說：「蓋良知……只是一個真誠惻怛。」（《傳習錄》中〈答聶文蔚〉第二書）又說：「見孺子入井，自然知惻隱，此便是良知。」（《傳習錄》上第八條）又說：「生民之困苦荼毒，孰非疾痛之切於吾身者乎？不知吾身之疾痛，無是非之心者也。」（《傳習錄》中〈答聶文蔚〉第一書）

良知一詞英文可以翻譯作 "intuitive knowledge"（直觀的知識）。這一詞王陽明是借自於《孟子》一書中的，而其所自出的那一段話也很值得於此引錄，因為它更清楚地說明了這一個詞的意義，亞聖孟子是這樣說的：

「人之所不學而能者，其良能也。所不慮而知者，其良知也。孩提之童，無不知愛其親，及其長也，無不知敬其兄也。親親，仁也。敬長，義也。無他，達之天下也。」（《孟子》卷七第十五章）

「良能」或「良知」，現代有些學派可能會把它解釋成「本能」(instinct)。在王陽明的系統中，則是一個涵蓋了三個意識生活層面的哲學概念：即知、意、情。

許多哲學家（包括洛克和休謨）都把他們的哲學系統建立在知、或悟性、或認知上。很少系統是建立在人類的意志上。只有叔本華由於受到佛教思想的鉅大影響才將其系統建立於此。然而王陽明雖然如上述所引很強調良知，但他也一樣強調意志在哲學上所扮演的角色。

陽明強調「真正」或「實在」的意志。他平實清晰地指出，當「心」有任何「活動」或「刺激」時，意便應之而起。控制意的方法在於懷抱道德的動機、消除惡意。結果便可生發出「真正」或「實在」的意。

這種「真正」或「實在」的意的理論，與知有相互的關係。任何意念良知都知道，王陽明很巧妙地說明了這一點：

「故有一念發動，雖是不善，然卻未曾行，便不去禁。我今說個知行合一，正要人曉得一念發動處，便即是行了。發動處有不善，就將這一善的念克倒了。」（《傳習錄》下第二十六條）

因此，根據王陽明的說法，若惡念得能清除，則意念於初發動而將付之實現之前，便可引歸於正道。

對於意念，王陽明還有更進一步的議論，在〈大學問〉中有這樣的話：

「蓋心之本體，本無不正，自其意念發動，而後有不正。故欲正其心者，必就其意念之所發而正之。凡其發一念而善也，好之真如好好色，發一念而惡也，惡之真如惡惡臭，則意無不誠，而心可正也。」（〈大學問〉）

朱子和王陽明之間的差異很明顯，為儒教中之中流砥柱的朱子強調要以理性致其知，人必知得許多之後才能分辨是非善惡。然而王陽明這位儒將，則直承接孟子

「良知」之學，主張人若用其「良知」於其意念，則自然能知是非善惡之別，心本來便是自正了的。

王陽明的系統極強調意與知之間的緊密關係，他說：

「吾心之良知既知其為善矣，使其不能誠有以好之，而復背而去之，則是以善為惡，而自昧其知善之良知矣。意念之所發，吾之良知既知其為不善矣，使其不能誠有以惡之，而復蹈而為之，則是以惡為善，而自昧其知惡之良知矣。若是，則雖曰知之，猶不知也。」（〈大學問〉）

陽明之意乃是人若依良知而做去，其意即誠；反之，則自欺其良知。王陽明更進一步說：「今於良知所知之善惡者，無不誠好而誠惡之，則不自欺其良知而意可誠也已。」（〈大學問〉）於此可明白見出良知與意念對陽明來說是有何等密切的關係。

在王陽明討論知的理論當中，我們見到他完全把握到了知識論的問題。王學體系的關鍵在物乃意之所對一點上，當我們想及物是存在於我們之外，且占有時間、空間，那麼物理世界與心便兩分了，而不再能設想其為合一。王陽明謫居龍場某夜忽悟物乃意之所對之旨，因而開通貫穿心物之路，為其哲學體系奠定了知識論上的基礎。

恰如柏克萊、康德質問外在世界之科學知識如何可能一樣，王陽明亦問：知與道德價值之肯認如何可能？結果王陽明發現：不管任何外在的或道德價值的知識，首先必須存在於心意識中，並且還要歷經思想的作用以成其為知識。

為更清楚說明王陽明「物為心之所對」的理論，我們可以看一下底下一封致顧東橋的信：

「朱子所謂格物云者，在即物而窮其理也。即物窮理，是即事事物物上求其所謂定理者也。是以吾心而求理於事事物物之中，析心與理而為二矣。夫求理於事事物物者，如求孝之理於其親之謂也。求孝之理於其親，則孝之理其果在於吾之心邪；抑果在於親之身邪？假而果在於親之身，則親歿之後，吾心遂無孝之理歟？見孺子之入井，必有惻隱之理，是惻隱之理果在於孺子之身歟？抑在於吾心之良知歟？其或不可以從之於井歟？其或可以手而援之歟？是皆所謂理也。是果在孺子之身歟？抑在於吾心之良知歟？以是例之，萬事萬物之理，莫不皆然，是可以知析心與理為二之非矣……若鄙人所謂致知格物者，致吾心之良知於事事物物也，吾心之良知，即所謂天理也。致吾心之良知天理於事事物物，則事事物物皆得其理矣。致吾心之良知者，致知也，事事物物皆得其理者，格物也。」（《傳習錄》中〈答顧東橋書〉第六段）

底下乃王陽明回答別人對其物為心之所對之說的一段論述。當王陽明遊南鎮時，一友人指岩中花樹問：「天下無心外之物，如此花樹，在深山中自開自落，於我心亦何相關？」陽明回答說：「你未看此花時，此花與汝心同歸於寂。你來看此花時，則此花顏色一時明白起來，便知此花不在你的心外。」（《傳習錄》下第七十三條）

對於王陽明來說，心意識所提供的知識的重要性並不在於它為主觀之故，而是在於它涵有形而上的意義。此點由底下他與其學生朱本思的問答中可以清楚地看出。朱本思問：「人有虛靈，方有良知，若草木瓦石之類，亦有良知否？」先生曰：「人的良知，就是草木瓦石的良知。若草木瓦石無人的良知，不可以為草木瓦石矣。豈惟草木瓦石為然，天地無人的良知，亦不可以為天地矣。」（《傳習錄》下第七十二條）

末一句話，王陽明明白告訴我們，天地的知識是吾心所造，是由吾人的思慮活動所構成。於此構造，朱子與王陽明之間的看法存有一大差異。朱子依循傳統，雖然也是決然地關心道德價值的問題，但他對世界則採取一個科學的態度，批判地研究自然界。尤其，他的取向使得他將心與空間中的物理世界分隔為二。王陽明早期為學也是遵循於朱子之教，其格竹的做法似即預設心與其對象為二元。後來他承認這種方法不能有何效果。王陽明在謫居龍場期間，經過仔細思考後，獲得了結論，以為事物必須以意識對象為心所知。而在它們為我們概念形式構成之處，即便有所謂理存於吾人心中，而不是在物外。王陽明即稱此為「心物合一」。

王陽明的一元論哲學中有些例子顯示出，他的觀念是一種系統的態度所構成的。事實上王陽明的一元論在形而上學上是屬於唯心論的，但這個字用於陽明的學說，其含義比較特定的一些指稱要為寬鬆些。他處理底下牽涉二元論問題的解釋是屬一元論的，這些問題是：(1)個體對於普遍；(2)心對於物理世界；(3)心對於肉體；(4)欲對於理；(5)知對於行。

一、個體對於普遍　這個問題在我們討論王陽明的形而上學時已經處理過了。然而還有一段話值得我們再引出來。有學者問：「人心與物同體，如吾身原是血氣流通的，所以謂之同體，若於人便異體了，禽獸草木益遠矣，而何謂之同體？」

（《傳習錄》下第一三三條）對於此問，陽明在〈大學問〉中有一段話可清楚回答這一個問題：

「大人者，以天地萬物為一體者也。其視天下猶一家，中國猶一人焉。……是故見孺子之入井，而必有怵惕惻隱之心焉，是其仁之與孺子而為一體也，孺子猶同類者也；見鳥獸之哀鳴觳觫，而必有不忍之心焉，是其仁之與鳥獸而為一體也，鳥獸猶有知覺者也；見草木之摧折，而必有憫恤之心焉，是其仁之與草木而為一體也，草木猶有生意者也；見瓦石之毀壞，而必有顧惜之心焉，是其仁之與瓦石而為一體也，是其一體之仁者也。雖小人之心，亦必有之，是乃根於天命之性，而自然靈昭不昧者也。……」（〈大學問〉）

二、心對於物理世界　王陽明對於知識是否植基於感官，抑或根植於悟性形式，乃或兩者都是的問題，並不感興趣。這種研究在他的思想中不占地位，因為他以中國人的立場來看，以為最急切關心的事情應該是道德價值。他相信理性是由天生的仁、義、禮、智四端所構成的。這四端即是道德判斷或評價的形式。他並認為理性可能會被私慾所遮蔽。在當心避免開這種遮蔽的媒介時，它就能明亮如鏡而朗現出正確的原理來。

王陽明強調心外無理，因為理若要成為意識上的實體，它必然要透過心。將心與理看成同一的陽明學派正與朱子強調從外界獲取知識這一支道問學學派相對。對陽明來說，理天生與心連在一起而為萬有之基礎。當心清明而無私時即便是理。

三、心對於肉體　考察王陽明描寫身心關係的方式是很有趣的一件事。有一天王陽明告訴學生身、心、意、知、物是同一物時，於是滿懷困惑的學生便問何以如是，陽明於是做了如下的解釋：

> 「耳目口鼻四肢，身也。非心安能視聽言動？心欲視聽言動，無耳目鼻舌四肢亦不能。故無心則無身，無身則無心。但指其充塞處言之謂之身，指其主宰處言之謂之心，指心之發動處謂之意，指意之靈明處謂之知，指意之涉著處謂之物，只是一件。」（《傳習錄》下第一條）

王陽明於另一處也以不同的方式說明同一思想：「『正心』、『誠意』、『格物』、『致知』皆所以『修身』」（《傳習錄》中〈答羅整庵少宰書〉），這是四步中最後一步的「格物」，涵蓋了整個自我訓練的領域，可以整個地在心理活動中表現出來。「格物」一項，王陽明認為是「格其心之物也，格其意之物也，格其知之物也」（同前條）；「正心」即是「正其物之心也」；「誠意」是「誠其物之意也」，「致知」是「致其物之知也」（同前條）。王陽明由這種心理學的觀點出發，因此認為心外、心內無所分別，理一而已。所以他說：

「以其理之凝聚而言則謂之『性』，以其凝聚之主宰而言則謂之『心』，以其主宰之發動而言則謂之『意』，以其發動之明覺而言則謂之『知』，以其明覺之感應而言則謂之『物』……」（《傳習錄》中〈答羅整庵少宰書〉）

四、欲對於理　長久以來中國思想家即假定人性與天理、人心與道心間的分別。然而王陽明反對這種分別，並且持認宇宙間只有一個心而已。當人心得到純粹而正確的指導，它便就成為（或即是「為」）道心。當人心受到人欲的遮蔽時，它便不是道心了。王陽明順著程氏兄弟將「人心」解釋成人欲，而將道心解釋成天理。尤其他認為心這兩個層次是相互排斥的。王陽明的觀點對中國人來說並不奇特，事實上，一般人類的信念即就是造使心受到束縛和矇蔽，因而變成為無知的欲望。解決人欲的方法即在於淨化人心以成為道心。

王陽明與其弟子對此問題的討論——即對各種心理活動的解釋——展現出了他一元論的觀點，以及他與其前賢朱熹的差異到底有多大。朱子的思想總是根據於二元論的基礎：「致知」與「格物」、「道問學」與「尊德性」來進行的。王陽明克服二元論的方法很明確，他的一位弟子摘引朱熹底下的話「人之所以為學者，心與理而已」。問王陽明說：「此語如何？」王陽明回答說：「心即理，性即理。下一與字，恐未免為二。」（《傳習錄》上第三十五條）由此可見，王陽明甚至於在這麼細微關係「與」字的用法都反對它造成二元論。他認為朱熹關於「與」字的用法導致於二件事物的分離，因此無法再合為一體，王陽明所持的觀點恰好相反。

王陽明這位哲學家兼戰略家，他對朱子學派的攻擊在底下的對話中說得很清楚。他的一位學生引用朱子的老師李侗（延平）的一句話「當理而無私心」來問王陽明說：「當理而無私心如何分別？」王陽明回答說：「心即理也，無私心即是當理，未當理便是私心。若析心與理言之，恐亦未善。」（《傳習錄》上第九十六條）

總而言之，王陽明的哲學是反對朱熹的二元論哲學。

五、知對於行　知行合一的理論與一元論不必然有關係。它本身自具有價值，一個反對一元論的思想家仍會承認它的價值。王陽明在謫居龍場時首次提出知行合一之說。這個理論後來以「致良知」這個更表現其直接程度的話重新提出來。王陽明與其弟子徐愛的談話，我們在傳略那一章已經提過了。在《傳習錄》中所收答顧東橋的信中，有一段文字以稍略不同的方式論述了這同一個問題，在信中，顧東橋提出底下這樣的問題：

「來書云（按王陽明答書先摘引對方來書所言）：所喻知行並進，不宜分別前後。即《中庸》尊德性而道問學之功，交養互發，即內外本末，一以貫之之道。然功夫次第，不能無先後之差，如知食乃食，知湯乃飲，知衣乃服，知路乃行。未有不見是物，先有是事，此亦毫釐倏忽之間，非謂有等今日知之，而明日乃行也。」（《傳習錄》中〈答顧東橋書〉第三段）

顧東橋這段話很明顯是在批評王陽明知行合一之說，因此引致王陽明對此問題的答覆：

「既云交養互發、內外本末，一以貫之。則知行並進之說，無復可疑矣。又云工夫次第，不能不無先後之差，無乃自相矛盾已乎？知食乃食等說，此尤明白易見。但吾子為近聞障蔽，自不察耳。夫人必有欲食之心，然後知食。欲食之心即是意，即是行之始矣。食味之美惡，必待入口而後知，豈有不待入口，而已先知食味之美惡者耶？必有欲行之心，然後知路。欲行之心即是意，即是行之始矣。路歧之險夷，必待親身履歷而後知，豈有不待親身履歷，而已先知路歧之險夷者也？知湯乃飲，知衣乃服，以此例之，皆無可疑，若如吾子之喻，是乃所謂不見是物，而先有是事者矣。」（《傳習錄》中〈答顧東橋書〉第三段）

顧東橋對王陽明的解釋仍不滿意，說：

「來書云：真知即所以為行。不行不足謂之知，此為學者喫緊之教，俾務躬行則可。若真謂行即是知，恐其專求本心，遂遺物理。必有闇而不達之處，抑豈聖門知行並進之成法哉？」（《傳習錄》中〈答顧東橋書〉第四段）

於是王陽明再做第二次辯駁：

「知之真切篤實處即是行，行之明覺精密處即是知。知行工夫，本不可離。只是後世學者分作兩截用功，失卻知行本體。故有合一並進之說，真知即所以為行，不行不足謂之知。即如來書所云知食乃食等說可見，前已略言之矣。此雖喫緊救弊而發，然知行之體，本來如是。非以己意抑揚其間，姑為是說，以苟一時之效者也。專求本心，遂遺物理。此蓋失其本心者也。……心之體，性也，性即理也。故有孝親之心，即有孝之理；無孝親之心，即無孝之理矣。有忠君之心，即有忠之理；無忠君之心，即無忠之理矣。理豈外於吾心耶？

晦庵謂人之所以為學者，心與理而已。心雖主乎一身，而實管乎天下之理。理雖散在萬事，而實不外乎一人之心。是其一分一合之間，而未免已啟學者心理為二之弊？……

夫外心以求物理，是以有闇而不達之處。此告子義外之說。孟子所以謂之不知義也。心一而已。以其全體惻怛而言，謂之仁。共具得宜而言，謂之義。以其條理而言，謂之理。不可外心以求仁，不可外心以求義，獨可外心以求理乎？外心以求理，此知行之所以二也。求理於吾心，此聖門知行合一之教，吾子又何疑乎？」

（《傳習錄》中〈答顧東橋書〉第四段）

王陽明嘗試將其「心即理」的理論用到其哲學的各個方面。然顧東橋受限於流俗的思想方式，因而對知行合一的可能性完全不能認識。顧氏所能做的僅只是重述《中庸》中所言的五個步驟：(1) 博學；(2) 審問；(3) 慎思；(4) 明辨；(5) 篤行。在顧氏與王陽明的書信中，他提及前四點，略去第五關於行的方面這一點。當然他略去這一點的理由是因為從他的觀點來看，篤行是關於行，而無關於知的歷程的。顧氏在一封致王陽明的信中說：

「人之心體，本無不明，而氣拘物蔽，鮮有不昏，非學問思辨，以明天下之理，則善惡之機，真妄之辨，不能自覺。」（《傳習錄》中〈答顧東橋書〉第七段）

對於這一段說明，它隱含地批評了王陽明的學說，於是王陽明做了底下的答覆：

「夫學問思辨行，皆所以為學，未有學而不行者也。如言學孝，則必服勞奉養，躬行孝道，然後謂之學。豈徒懸空口耳講說，而遂可以謂之學孝乎？學射，則必張弓挾矢，引滿中的。學書，則必伸紙執筆，操觚染翰，盡天下之學，無有不行而可以言學者。則學之始，固已即是行矣。篤者，敦實篤厚之意，已行矣。而敦篤其行，不息其功之謂爾。蓋學之不能以無疑，則有問，問即學也，即行也。又不能無疑，則有思，思即學也，即行也。又不能無疑，則有辨，辨即學也，即行也。辨即明矣，思既慎矣，問既審矣，學既能矣，又從而不息其功焉，斯之謂篤行。非謂學問思辨之後而始措之於行也。是故以求能其事而言，謂之學；以求解其惑而言，謂之問；以求通其說而言，謂之思；以求精其察而言，謂之辨；以求履其實而言，謂之行。蓋析其功而言，則有五，合其事而言，則一而已。此區區心理合一之體，知行並進之功。」（《傳習錄》中〈答顧東橋書〉第七段）

王陽明致良知之說，實即知行合一之說的另一種說法。他將「致」字了解成帶有「實現」之意，是以此字包含有「行」的意思。王陽明說：

「夫良知之於節目時變，猶規矩尺度之於方圓長短也。節目時變之不可預定，猶方圓長短之不可勝窮也。故規矩誠立，則不可欺以方圓，而天下之方圓不可勝用矣。尺度誠陳，則不可欺以長短，而天下之長短不可勝用矣。良知誠致，則不可欺以節目時變，而天下之節目時變不可勝應矣。毫釐千里之謬，不於吾心良知一念之微而察之，亦將何所用其學乎？是不以規矩而欲定天下之方圓，不以尺度而欲蓋天下之長短，吾見其乖張謬戾，日勞而無成也已。」（《傳習錄》中〈答顧東橋書〉第十段）

底下一段話則談到良知問題，王陽明說：

「其良知之體，皦如明鏡，略無纖翳，妍媸之來，隨物見形，而明鏡曾無留染。所謂情順萬事而無情也。無所住而生其心，佛氏曾有是言，未為非也。明鏡之應物，妍者妍，媸者媸，一照而皆真，即是生其心處。妍者妍、媸者媸，一過而不留，即是無所住處。」（《傳習錄》中〈答陸原靜書〉第十六段）

對王陽明來說，這即是良知的本性，良知即是覺，朗然、公正而客觀。若有人能將良知維持其原本純淨的狀況，那麼它就成了一切事物的規矩尺度，因為它便就是天理之所在。

王陽明在歷經謫居龍場所遭遇到的困頓後，終於得到結論，肯定人生所當遵循的適切道路乃是「致良知」一途。上述這一說法是王陽明在五十歲時所發現的。在《王陽明年譜》中有這麼一段記載：

「自經宸濠忠泰之變，益信良知真足以忘患難，出生死。所謂考三王，建天地，質鬼神，俟後聖，無弗同音。」（《年譜》孝宗弘治十六年辛巳，正月條）

同年在一封致鄒守益的信中，王陽明寫道：

「近來信得致良知三字真聖門正法眼藏。往年尚疑未盡，今自多事以來，只此良

知無不具足，譬之操舟得舵，平瀾淺瀨，無不如意，雖遇顛風逆浪，舵柄在手，可免沒溺之患矣！」（同前條）

其間有一日，陽明先生喟然嘆息，他的一位學生陳九川聽到了，問道：「先生何嘆也？」王陽明回答說：「此理簡易明白若此，乃一經沉淪數百年。」陳九川接著說：「亦為宋儒從知解上入，認識神為性體，故聞見日益，障道日深耳。今先生拈出良知二字，此古今人人真面目，更復奚疑。」於是王陽明這位大師緊接地指出：

「然！譬之人有冒別姓墳墓為祖墓者，何以為辨？只得開壙，將子孫滴血，真偽無可逃矣。我此良知二字，實千古聖聖相傳一點滴骨血也。」（同前條）

王陽明認為良知理論的重要性如何，已如上述所引的片段文字中所述者。然而他唯恐觀念在口耳講說間成了定型，致失其效用於百姓之間。於此忡忡憂心中，明顯可以看出他的遠見，因為在他死後，「良知」竟成了推度其哲學乃致使明朝敗亡的欛柄了。

第三章 王陽明在宋明理學中的地位

王陽明崛起於朱子二元論哲學如日中天之時，他的哲學形式上採取如西方哲學術語中所謂「唯心的一元論」。王陽明的哲學系統是宋明理學的顛峰，它很明顯而徹底且明確地想將宇宙解釋成為一體。他的哲學思想以語錄的形式記載於《傳習錄》一書中。

為要了解《傳習錄》中所討論的各項主題，我們必須了解王陽明的哲學系統，以及認定王陽明在宋明理學運動中的地位。為從事於此，我們要考慮以下幾個問題：什麼是理學？奠定其基礎的人是誰？王陽明的哲學與理學的主要人物之間有何不同？王陽明自己的系統為如何？他後來的發展又為如何？

理學是以恢復孔子學說以對抗佛教哲學的學術運動。從三國開始，包括南北朝（二二〇—五八八，但不包括西晉〔二六五—三一七〕統一的時代）這一段動盪不安的時代裏，中國知識分子表現出對宗教的偏向。道教及傳自印度的佛教最為普遍，雖然當時儒家仍還未完全被忽略掉。大部分的佛教經典都翻譯成了中文，並結集成今天收錄有三千卷的佛教《大藏經》。

隋唐重新統一中國以後，許多知識分子起而反對其影響力日漸增大的佛教思想。韓愈（七六八—八二四）是唐代的一位文人，他因著作〈原道〉一文而被稱述為推動了理學運動的開始。韓愈在〈原道〉這篇文章中探討道的意義，藉以辯護中國的古老傳統和拒斥老釋。在上憲宗的一篇奏章中，韓愈陳諫皇帝不要迎納佛骨。韓愈以儒家五倫的理論反對釋老的淪棄五倫關係。韓愈的哲學在符合人際關係上的忠信以及承認人的需要的必要性上，是較帶實在論色彩而不帶思辨性的。他的論證，與釋老所發展出高度思辨的論證比較起來，是相當粗疏的。但「道」這一概念往後卻發展成理學的一個基本概念。

張籍與李翺（約死於八四四年）二人都是韓愈的學生，他們對「道」做了徹底的研究。張籍曾致函韓愈，建議他專心一致從事研究。而李翺則寫成了三篇〈復性書〉。這幾篇文字可以說都是宋明理學的奠基之作。許多術語如道、誠明、虛、靜、成聖、慎獨等在李翺的文章中都有廣泛的討論，李翺這些術語大抵是取自於《禮記》中〈中庸〉、〈大學〉兩篇。到了宋朝，這些術語便成了理學的一部分了。而〈大學〉、〈中庸〉兩篇文章並被收入於《四書》中。

宋明理學作為一種復興運動來說，倘若沒有佛教的刺激，可能會無法發生。從印度引進的佛教，使中國學者認識到他們若要阻止佛教在中國流佈，就必得要有他們自己的理論，自己的哲學系統，自己的世界觀。為此目的，他們確認到智識上的思想必須是主動的、根源的，並且要讓中國人確信其在理論和道德上都是確切無誤的。

南北朝時代所分化出來的佛教宗派中，禪宗最具影響力。此宗是菩提達摩所創立的，他為中國立下這樣的訊息：「教外別傳，不立文字，直指人心，見性成佛。」（契嵩：《傳法正宗記》）菩提達摩教導弟子研讀《楞伽經》。他尤其強調禪定工夫，這種工夫可致得明心見性，根據記載，菩提達摩曾面壁靜坐多年。此宗的六祖惠能（六三八—七一三）在其他宗派逐漸式微或消失之時，極力提振本宗的生氣。

禪宗亦被稱為心宗，因為此宗將心視為決定萬有的因素——而不管人所行是否正確，其事物是善或惡，人是肯定或否定，世界是空或有，其所努力企成的是使心成為萬有之主。在傅大士〈心王銘〉中有如此的說法：「即心即佛，即佛即心……離心非佛，離佛非心。」（《傅大士集》卷三）

六祖惠能在其《壇經》上亦說道：

「心量廣大，猶如虛空。無有邊畔，亦無方圓大小。亦非青黃赤白，亦無上下長短。亦無瞋無喜，無是無非，無善無惡，無有頭尾……善知識，自性能含萬法是大，萬法在諸人性中。若見一切人惡之與善，盡皆不取不捨，亦不染著，心如虛空，名之為大。」（《壇經・般若品第二》）

北宗的神秀禪師亦曾作偈云：

「一切佛法，自心本有；將心外求，捨父逃走。」（《景德傳燈錄》神秀條）

此一心宗有三點設定與孟子哲學相同。(1) 以心為焦點，這一點很接近於孟子所說「心之官則思」；(2) 禪宗相信每個人皆具有佛性，孟子則說每個人皆可成為堯舜；(3) 相信人性本善，這亦是孟子的基本觀念。這些相似之處鉅大地喚醒中國學者認識新運動的好處。中國學者很不願意承認他們曾自佛教得到好處。然而無論如何，佛教的影響包括在思考上、在構建新儒學的系統、以及在論證上提出新創的想法以及大膽的精神等方面。因此禪宗是強調心為行動根源的代表者，但毫無疑問地，新理論的基礎仍還是儒家的。

柳宗元（七七三—八一九）是唐朝僅次於韓愈的古文家，他的說法指出禪宗與新儒家的關連性，他在所撰〈曹溪第六祖賜諡大鑒禪師碑〉中指出惠能的哲學是「其教人始以性善，終以性善」（《柳宗元全集》卷六）。這一說法似乎公開承認在佛教與中國傳統間存在有相同的特性，因此值得特予指出來。

宋朝時，程顥（一〇三二—一〇八五）預設了理的觀念，因此他可以稱為奠定新儒學之父。他說：「天地萬物之理，無獨必有對，皆自然而然，非有安排也。每中夜以思，不知手之舞之，足之蹈之。」（《二程遺書》卷十一）這一時期，儒學亦被稱為理學。程明道在哲學思想上宣稱理的地位，此與西方世界中所謂近代哲學的誕生一樣，亦有其理想上的概念（即我思〔cogito〕）作為出發點。

由於中國學者關心的是道德判斷標準的建立，因此他們發展出了道德法則上的四個標準（或稱「形式」），亦即仁、義、禮、智四端。仁、義、禮分別各有仁慈、公正、端正崇敬之義外，智亦即能分辨是非、物我的知識。這種知識與物理世界的對象有關。智的作用與西方所謂智識的功能 (functions of intellect or knowledge) 尤其接近。上述四個字可以分作兩類，仁、義、禮是一類，是屬實踐理性，另一類「智」則為純粹理性。

程明道之後，「理」便成了知識及評價的根源，他的弟弟程頤（一〇三三—一一〇七）便揭櫫「性即理」。程伊川的理論中，仁、義、禮、智是內在於人性中的觀念（請注意他不是說內在於心中的觀念）。程伊川認為心作為感知的官覺，它只能思考，而四端卻要從比思想更高的根源中出來。孟子是第一個主張道德法則上四端是天生於人的人，孟子說：

> 「所以謂人皆有不忍人之心者，今人乍見孺子將入於井，皆有怵惕惻隱之心，非所以內交於孺子之父母也，非所以要譽於鄉黨朋友也，非惡其聲而然也。由是觀之，無惻隱之心，非人也；無羞惡之心，非人也；無辭讓之心，非人也；無是非之心，非人也。惻隱之心，仁之端也；羞惡之心，義之端也；辭讓之心，禮之端也；是非之心，智之端也。」（《孟子》卷二〈公孫丑篇上〉第六章）

在《孟子》書中的這段引文，亦即是程頤所揭名句的源由。他認為人性中此四端居於一超越的層次上，而能思之官的心則居於自然的層次上；但孟子並沒有做這樣的分別。

不久之後，在南宋與朱熹同時的陸九淵（一一三九－一一九三），則提出「心即理」來。對此，朱子力加反對，朱子指責陸象山受到禪佛教的淆混。事實上我們也可以說，陸象山這一句話是建基在孟子的文字當中，只不過陸象山經由研究禪宗而更加有活力。然而我們有感到興趣的是後來王陽明事實上也接受這一句話，並且將之視為其哲學的基本概念。

王陽明對只接受「心即理」這一原則，而不進一步嘗試加以解決心與物是分開地抑或是合一地問題感到不滿意。在他明確知道事物為心所察知而被認識之前，他曾花費許多歲月尋究，他的結論是「心物合一」，含藏在萬有之中的心及理可以看成是同一個物事。由此他推論出其他理論：知行合一、致良知。

王陽明與陸象山一系的關係是如何地密切，我們可以從王陽明在庚辰年（即明武宗正德十五年）所作的〈象山文集序〉中看出來：

「聖人之學，心學也。堯舜禹之相授曰：『人心惟危，道心惟微，惟精惟一，允執厥中。』此心學之源也。中也者，道心之謂也，道心精一之謂仁，所謂中也。孔孟之學，惟務求仁；蓋精一之傳也。而當時之弊，固已有外求之者；故子貢致疑於多學而識，而以博施濟眾為仁，夫子告之以一貫，而教以能近取譬，蓋使之求諸其心也。迨於孟氏之時，墨氏之言仁，至於摩頂放踵；而告子之徒，又有仁內義外之說，心學大壞，孟子闢義外之說而曰：『仁，人心也。學問之道無他，求其放心而已矣。』又曰：『仁義禮智，非由外鑠我也，我固有之，弗思耳矣。』蓋王道息而霸術行。功利之徒，外假天理之近似以濟其私，而以欺於人曰：『天理固如是！』不知既無其心矣，而尚何有所謂天理者乎？自是而後，析心與理而為二，而精一之學亡。世儒之支離，外索於刑名器數之末，以求明其所謂物理者，而不知吾心即物理，初無假於外也。」（《王陽明全集》文集「序」類）

於此王陽明為陸象山辯護，說陸氏的哲學是立基在古聖先賢的傳統上的學說，特別是孟子之學，與禪宗事實上是無關涉。由此之故，王陽明與陸象山經常被劃歸為同一派。

為要對王陽明的系統有更好的理解，我們應該提一下程朱學派與陸王學派間的幾個主要差別。程朱學派與陸王學派的爭論有點類似於西方哲學中經驗主義與理性主義的爭論。然而感官的理論在中國並不時興，在中國所出現的是另一種形式的問題：心是本來完具無缺的，抑或是必須向心外外馳學習這一問題即是爭論的焦點。

王陽明相信宇宙之心即是以人心的良知為其中心的靈明，他說：

「可知充天塞地中間，只有這個靈明。人只為形體自間隔了。我的靈明便是天、地、鬼神的主宰。天沒有我的靈明，誰去仰他高？地沒有我的靈明，誰去俯他深？鬼神沒有我的靈明，誰去辨他吉凶災祥？天、地、鬼神、萬物，離卻我的靈明，便沒有天、地、鬼神、萬物了；我的靈明，離卻天、地、鬼神、萬物，亦沒有我的靈明。如此，便是一氣流通的，如何與他間隔得？」（《傳習錄》下第一三三條）

由此很清楚地，王陽明主張實在包含有心、意知覺。他將宇宙歸為一體的方式，我們可以由底下的話中看出來：

「理者，氣之條理；氣者，理之運用。」（《傳習錄》中〈答陸原靜書〉第二段）

另一方面，朱熹是位二元論者。對朱子來說，世界分而為二：一為能知的內在，以及二包含諸多事物的外在。他在《大學》第五章中對致知之義補上了如下的一段話：

「所謂致知在格物者，言欲致吾之知，在即物而窮其理也。蓋人心之靈莫不有知，而天下之物莫不有理，惟於理有未窮，故其知有不盡也。」（朱熹：《四書集註・大學》）

由「在即物而窮其理也」一句，我們可以推說朱子認為自然世界中萬物的雜多可以畫分成人、動、植、礦石等，因此朱熹認為整個世界不可能化簡成一個一元論的整體。朱熹就像他的前驅程頤一樣，發展出了一套理論，主張世界含有兩個基本原理：一是理，亦即非物質性的宇宙原理；一是氣，也就是物質性的東西。一切事物都具有由氣凝聚而成的具體形式。與其他任何對象一樣，人也是由理和氣合聚而成的。理內在於所有人及所有事物之中，然而氣則以其所占的比例不同而使得人、物相互分別開來。正由於世界上有許許多多的事物，因此它的原理就必須一個一個地加以研究，這就是所謂「格物」。

根據朱熹的看法，心與物、心與理、正心與格物等都是分屬於兩個不同的領域。由此，朱熹的哲學被認為是二元論的。

在教育上，朱熹認為應先教予服侍父兄等這種基本原理；倘若將「心即理」這種前提拿來當作第一課，那麼學生就會對其思辨的本質感到無法把握，致使學生放棄學習。所以在從事研究更高深的問題之前，應先教以較簡單的原理。

朱熹並且還說心包含著兩個部分：「道心」及「人心」。為要實現「道心」，感知上的好欲應當排除於人心之外。在形而上學及教育學上，朱熹都表現了他的二元論傾向來。

程朱學派與陸王學派的爭論始於宋朝，並且繼續至清朝。每一派都從孔孟、五經中擷取先聖的遺說來做辯解，並且相互駁斥對方的信仰。的確，這場辯論就像歐洲理性主義與經驗主義間的爭論一樣，都是沒有結論的哲學問題。

王陽明的學派在明朝時最具勢力，他的門人遍及中國各個行省當中。根據《明儒學案》的記載，共可分為八個不同的流亞：(1) 浙中王門；(2) 江右王門；(3) 南中王門；(4) 楚中王門；(5) 北方王門；(6) 粵閩王門；(7) 背叛陽明的李材；(8) 而最活躍的是泰州王門。在對陽明學派中的三支的特徵做過簡略的探討後，我們準備對陽明學說的發展及天泉橋論道做一個概略的敘述。因為這兩件事是造成王陽明死後王學分裂的主要原因。

錢德洪曾經說過陽明學說的發展可以分為三個時期：首先是他謫居龍場時，這個時期王陽明揭出「心即理」之說，強調「知行合一」；第二期是留守南京時期，此時期特別強調默坐澄心的用處，並教導學生靜坐；第三期是在明武宗正德十六年，王陽明將他的教學簡化為「致良知」。對王陽明來說，良知是唯一的實在，是最重要的。良知經常被看成是頓悟，它即是能使人不管心是否遭受遮蔽而仍能分辨明晦、是非的性質。人們經由細心地照管其心，就能走往正道上去，這即是陽明在其哲學中極其強調的「格物」之說。

陽明學派中每一支派都各以己意解釋良知，王畿（龍谿）在他的一篇文章中提到了這些解釋是多麼地紛紜眾多：

「良知宗說，同門雖不敢有違，然未免各以其性之所近，擬議摻和。有謂『良知非覺照，須本於歸寂而始得。如鏡之照物，明體寂照，而妍媸自辨。滯於照，則明反眩矣。』有謂『良知無見成，由於修證而始全，如金之在鑛，非火符鍛鍊，則金不可得而成也。』有謂『良知是從已發之教，非未發無知之本旨。』有謂『良知本無欲。直心以動，無不是道，不待復加銷欲之功。』有謂『學有主宰、有流行，主宰所以立性，流行所以立命，而以良知分體用。』有謂『學貴循序，求之有本末，得之無內外，而以致知別始終。』此皆論學同異之見，不容以不辨者也。」（《明儒學案》卷十二，王龍谿）

不可避免地，這些相互衝突的解釋使得學者在心裏引起了混亂，因而引發了陽明學派的分裂。

浙中王門錢德洪與王龍谿兩人的對論，是陽明學說解釋上發生分岐的進一步證明。在天泉橋論道中提出討論了底下陽明所提出的「四有」：

1. 無善無惡是心之體，
2. 有善有惡是意之動，
3. 知善知惡是良知，
4. 為善去惡是格物。（《傳習錄》下第一一一條）

這四句話被認為是「四有」，乃是因為它們預設了善與惡的存在。然而，根據王龍谿的看法，它們並不是最終的真理，王龍谿接著錢德洪說：「此恐未是究竟話頭。

若說心體是無善無惡，意亦是無善無惡的意，知亦是無善無惡的知，物是無善無惡的物矣。若說意有善惡，畢竟心體還有善惡在。」（《傳習錄》下第一一一條）於此王龍谿的說法被看成是「四無」，因為他認為四個實體——心、意、知、物——都是超越於善與惡之外的。王龍谿不同意於錢德洪對末三句的看法。

於是這兩人便將他們的爭論問題持將決於王陽明，要求王陽明對最終的真理做一判定。王陽明的答覆認為趨向正道原有兩條路：四無是對上根人說的，而四有是對一般人說的，在他們的討論結束之際，王陽明又再次強調四有中的心、意、知、物必須要在善惡的實功夫下做去。

至於江右王門的學者，他們強調的則是心的警戒和歸寂。《明儒學案》的作者黃宗羲認為：由於王陽明一生花很多時間在江西，因此他在江西的學生比其他支派的學生更能深入了解他的思想。

王艮（心齋）所創導的泰州學派在把握「道」上所得的直接喜樂與在頓悟上的態度與王龍谿為同調。這一支派的話頭叫「淮南格物」，泰州學派的成員表面雖改信了王陽明的致良知教，但並不表示他們即已放棄了他們自己的理。

這三個支派的創導者中，王龍谿的年壽最高，他死時年紀是八十五歲。他在語錄及著作中所主張的「四無」，在學術圈中造成了很深遠的影響。然而反對他的人說他的理論是「狂禪」；因為王龍谿關於「心體」的形而上學並沒有確切的支持，他同王艮一樣，認為心應該是自然而不受節制的，這種玄想當該為王學的墮落負責。

明朝末年，東林學派便以攻擊王陽明學派而崛興，結果他們強調心的控制以及博學多聞。顧炎武亦向王學挑戰，並稱王學為「空談」。這個時代需要的是「實學」。但王陽明學派所以沒落的原因，事實上是因為有兩個學派與其並駕齊驅，首先是漢學家，漢學一派從事於經書的考證訓詁，更明確地說，漢學家所努力的亦即是要在每一字、每一術語、每一對象中找出正確的解釋。另一個對手則是要返歸朱子學的運動，此派在哲學上所持的是二元論。

是故，在清朝除了少數學者想重新解釋王陽明的哲學者外，王陽明的學說幾乎被遺忘掉了。然而當時在日本，陽明的哲學卻得到更多的尊崇。有一些參預明治維新的志士即出身於王學。陽明學在日本所造成的實踐性和成效，使得中國人重新衡量王陽明哲學的價值。現今王陽明哲學在遠東的復興似乎是必然要發生的事了。

第四章　王陽明的《傳習錄》

王陽明的全集共有三十八卷，《傳習錄》占前三卷，其他則收入了書信、文集、奏疏等。「心即理」及「致良知」之問題的討論，是構成《傳習錄》的核心問題。尤其我們可以在此書見到陽明表述其理論的簡潔與清晰。

王陽明的體系並不容易為現在讀者所了解，這是因為他並不刻意在如形而上學、倫理學、心理學等名目下做系統性的陳述。然無論如何，理論系統所必須的前提，王陽明已經有了充分的說明，他並且曾嘗試在適當的狀況將其前提置入於其哲學系統中。

這三卷書大致上可以分成兩個部分：第一部分是記錄王陽明早年的發現，「心即理」這一話頭亦包括在內；第二部分則集中於「致良知」。

第一卷著重於討論「心即理」及「知行合一」的問題。其中所強調的理論乃是主張世界上所有事物都是知之所對。在這一卷中，王陽明並且還答覆許多學生提出來有關典籍、史事、中國傳統等問題，而解答的方式則是根據於他自己的哲學系統。

第二卷收集了王陽明與友人、學生的書信。這些書信都是在他發展出「心即理」及「致良知」等話頭後所寫的。每一封書信都分成許多段落，每一段落前頭都由編者加上一個或數個問題，作為解釋的標題。這一卷包含了王陽明哲學系統上最精妙的解釋。

第三卷顯示這些語錄是在陽明發展出「致良知」後所做的應答。在他戎馬的生涯中，良知是人類行為的唯一是非標準。他甚至說：「人的良知，就是草木瓦石的良知；若草木瓦石無人的良知，不可以為草木瓦石矣……天地無人的良知，亦不可以為天地矣。」（《傳習錄》下第七十二條）他一再地重複其良知為天地的心的理論，他甚至更進一步地說：最終極的實在是超越於言語表達及善惡之外的，天泉橋論道即是根據這一信念而進行的。

《傳習錄》有許多編者。第一卷分為三部分，分別由徐愛、陸澄及薛侃所記。

徐愛是王陽明最鍾愛的學生，並且也是王陽明的妹婿，但可惜他於三十一歲時便死了。後來陸澄便在王陽明本人的建議下接下記錄王陽明講學這個工作。薛侃則在陸澄不做這件工作後繼續這個工作。

構成本書第二卷的是王陽明寫給友人、學生的書信，這是由南大吉所抄錄出來的。南大吉以郡守後自屈拜列為陽明弟子❶，底下即是一段關於南大吉與王陽明的故事：「門人日進，郡守南大吉以座主稱門生。然性豪曠，不拘小節。先生與論學有悟，乃告先生曰：『大吉臨政多過，先生何無一言！』先生曰：『何過？』大吉歷數其事，先生曰：『吾言之矣！』大吉曰：『何？』曰：『吾不言，何以知之？』曰：『良知！』先生曰：『良知非我常言而何？』」（《年譜》嘉靖三年甲申正月）

第三卷是由王陽明其他幾位學生所記錄，並由錢德洪編輯而成。它首先以《傳

---

❶這段話作者原文是：Wang conferred the degree of Master of Arts upon the young man, and he later obtained the position of prefect in Wang Yang-Ming's native prefecture. 意思是說王陽明為南大吉應試時的主考官，但依《年譜》所記則不是，此或作者一時疏忽誤寫，茲改正如前文。

習續錄》的書名在湖北刊行。當王陽明去世後，錢德洪請求陽明的眾弟子幫他收集任何能找得到的王陽明語錄和著作，用這些新資料，錢德洪將《續錄》刪定成今天的樣子。至於錢德洪編輯此書的目的則是想藉刪削那些看似自相矛盾的說法來澄清陽明的學說體系。

《傳習錄》首次刊行於西元一五一八年（正德十三年），內容包含了徐愛、陸澄、薛侃所記的三部分。第二次是在西元一五二四年（嘉靖三年），由南大吉在浙江刊行的，內容增加了兩卷。本書現今的形式則是由錢德洪所編定的，刊於西元一五五六年（嘉靖丙辰）後，也就是王陽明死後近三十年❷。這一版本包含有三卷：即徐、陸、薛三人所記部分為第一卷；第二卷為書信，第三卷則為《傳習續錄》的刪訂版。

---

❷於此南大吉增刻《傳習錄》年代，依《年譜》所記為嘉靖三年，即西元一五二四年，作者記為一五二三年，茲據改之。又錢德洪刪訂今本《傳習錄》附後記題為嘉靖丙辰年（即一五五六年），作者原文記為西元一五五二年，並據改。（譯註）

《書經》上載有一句很著名的舜、禹傳心法要：「人心惟危，道心惟微，惟精惟一，允執厥中。」（《尚書・大禹謨》）這句話不管是否真的是舜、禹時代的思想，但無論如何它顯示出唯心論的傳統在中國上古是有其深遠的傳統。《論語》中曾子曾自表示說：「吾日三省吾身。」❸很清楚地，這種自省只有肯定心的現存方才有可能發現。孟子所說心之官則思同樣也指出他是承認心的重要性，自從宋明理學運動奠立以來，將心視為根本的態度就成了可以安立宇宙觀的一個基礎，這是王陽明的影響的結果。王陽明是中國第一位將心強調為唯心一元論系統之基礎的哲學家，而《傳習錄》一書的重要性即是在此。

❸此話錄於《論語》中，然為曾子所言，非孔子自道的話，作者誤作孔子之言，亦於文中逕改之。（譯註）

第五章 直覺主義研究

王陽明在其《傳習錄》中廣泛地討論了兩個主要問題：「心即理」及「致良知」。這兩點構成了中國直覺主義的基礎，為了解王陽明在這個主題上的思想系統，我們首先必須討論孟子。

孟子是直覺主義運動的奠定者，他宣稱人這種理性動物天生即具有四端：仁、義、禮、智。仁字是由「二」、「人」合成的，是故「仁」這一端乃是指人與人的關係。「義」之端則使人能夠明辨是非善惡。「禮」則是由儀節生發出來的禮儀遜讓。「智」之端則是能知殊特事物是什麼，以及分別物與物之間的能力。此四端是價值判斷的範疇。四端在孩提之時未得完全發展，但當它們得到發展之後，人們就能在這四端的基礎上形成道德或認知上的判斷。孟子即以底下孺子墮井而引起人們救援的心理反應的例子，說明其關於人天生即具有四端的理論：

「所以謂人皆有不忍人之心者，今人乍見孺子將入於井，皆有怵惕惻隱之心，非所以內交於孺子之父母也，非所以要譽於鄉黨朋友也，非惡其聲而然也。」

孟子觀察到救援的反應是自發的，並沒有其他的目的，於是他進一步說明，上舉的四端是內在的且須要人加以發展的：

「由是觀之，無惻隱之心，非人也；無羞惡之心，非人也；無辭讓之心，非人也；無是非之心，非人也。惻隱之心，仁之端也；羞惡之心，義之端也；辭讓之心，禮之端也；是非之心，智之端也。……凡有四端於我者，知皆擴而充之矣，若火之始燃，泉之始達，苟能充之，足以保四海，苟不充之，不足以事父母。」❶

❶《孟子・公孫丑上》第六章。

雖然孟子極強調人天生而有的四端，但他也一樣很清楚，人的個性亦相當依賴於教養和培育，也就是說相當依賴於外在的因素。底下一段話即說明這一點：

「富歲子弟多賴，凶歲子弟多暴，非天之降才爾殊也，其所陷溺其心者然也。今夫麰麥，播種而耰之，其地同，樹之時又同；浡然而生，至於日至之時，皆熟矣，雖不同，則地有肥磽，雨露之養，人事之不齊也。故凡同類者，舉相似也，何獨至於人而疑之？聖人與我同類者。」❷

底下這段文字指出了孟子直覺知識的理論：

「人之所不學而能者，其良能也；所不慮而知者，其良知也。孩提之童，無不知愛其親者，及其長也，無不知敬其兄也。親親，仁也；敬長，義也。無他，達之天下也。」❸

---

❷《孟子・告子上》第七章。

❸《孟子・盡心上》第十五章。

孟子對是非善惡的本質也極為強調，根據他的看法，這也是自明的。他說：

「魚，我所欲也；熊掌，亦我所欲也；二者不可得兼，舍魚而取熊掌者也。生，亦我所欲也；義，亦我所欲也；二者不可得兼，舍生而取義者也。」❹

任何一個中國人對於道德義務——亦即是非的討論，都是集中於討論每一個人在其生命階段上的道德責任。因此，比起西洋討論什麼是善，什麼是幸福快樂等似乎更具理論性、更具客觀性的說法尤其接近於人。孟子底下接著說：

「生亦我所欲，所欲有甚於生者，故不為苟得也。死亦我所惡，所惡有甚於死者，故患有所不避也。如使人之所欲莫甚於生，則凡可以得生者，何不用也？使人之所惡莫甚於死者，則凡可以避患者，何不為也？由是，則生而有不用也；由是，則可以避患而有不為也。

---

❹《孟子・告子上》第十章。

是故，所欲有甚於生者，所惡有甚於死者……」❺

由是根據孟子的看法，是非善惡對於人類來講是自明的，人應該小心維護，不使放失，他舉出一個例子說明人何以只能選擇義之一途：

「一簞食，一豆羹，得之則生，弗得則死。嘑爾而與之，行道之人弗受；蹴爾而與之，乞人不屑也。」❻

我們認為，孟子的直覺理是建立在底下幾個因素上：人之四端，心共同的認定或自治的能力。因此，直覺與直接的解悟不同，因為後者是人所認識到且被人把握著的，因此很清楚地只是整個歷程中的一個部分而已。

孟子之後，中國哲學便走到一個停滯不進的階段了，佛教便在這個有利的機會下流行於全中國。佛教梵文經典的翻譯是西元前一世紀佛教傳進中國以後的主要工

❺《孟子・告子上》第十章。
❻《孟子・告子上》第十章。

作。在佛教深入中國人心靈之前已有許多世紀過去了。禪宗始於第五世紀，它主張眾生皆具有佛性。很明顯地，佛教這一主張與孟子人人皆可以為堯舜聖賢的主張相似。在禪宗第六祖惠能卓越的倡導下，人性天生為善的觀點得到了支持。孟子的理論在這種刺激下得到了復甦，於是儒學和佛教以同樣的方向併同著進行發展。惠能關於直覺知識的看法引起禪宗僧侶的回應，經由禪宗僧侶，惠能的直覺學說散佈到儒學者間去了。

於此簡略說明禪宗的發展史當是有所裨益的。禪宗是菩提達摩所創立的，他大約是在西元四七〇到四七五年間來到中國，他為中國人帶來了這樣的信息：

「教外別傳，不立文字，直指人心，見性成佛。」❼

達摩的一位徒弟慧可向他問道：「我心未寧，乞師與安。」師曰：「將汝心來，

❼ 契嵩：《傳法正宗記》。

與汝安。」曰：「覓心了不可得。」師曰：「我與汝安心竟。」❽

上面這種表面上看來深奧難解的說教告訴我們：心是在個人自身中，只有個人自己才能知道，他人是無法為他做任何事。菩提達摩的教學亦即是個人應該自寧靜其心。心的發用是自知自明的，它從來無法在外物中展現，也無法客觀地或邏輯地證明。

當這一宗派發生了影響而凌越於其他佛教宗派之上時，它便對儒者造成了刺激的作用，儒者於是開始閱讀禪宗的語錄，並且也似乎表現出喜歡閱讀這些著作。唐朝（六一八—九〇七）大部分的政治家、學者、及詩人都與禪僧有很密切的接觸。韓愈（七六八—八二四）這位古文大家曾上書憲宗皇帝諫迎佛骨，他並且還寫了〈原道〉這篇文章。在〈原道〉這篇文章中他為儒家肯定塵世生活的態度做了辯護。但韓愈自己卻有一位禪僧朋友，亦即大顛和尚。他曾寫信給朋友說明與大顛友善的經

❽《傳燈錄》卷三（《大正》卷五十一頁二一九中）。

過：「來示云：有人傳愈近少信奉釋氏。此傳之者妄也。潮州時有一老僧號大顛，頗聰明識道理，遠地無可與語者，故自山召至州郭，留十餘日。實能外形骸以理自勝，不為事物侵亂，與之語雖不盡解，要自胸中無滯礙，以為難得，因與往來。及祭神至海上，遂造其廬，及來袁州，留衣服為別，乃人之情，非崇信其法求福田利益也。」❾韓愈雖然是位反對佛教的人，但顯然卻也欣賞禪僧對於世界的態度。韓愈之後，詩人白居易一樣也與禪僧友善，他曾作過八首詩偈闡發禪僧凝公的心學理論：

1. 觀偈

以心中眼，觀心外相，從何而有，從何而喪，觀之又觀之，則辨真妄。

2. 覺偈

惟真常在，為妄所蒙，真妄苟辨，覺生其中，不離妄有，而得真空。

❾韓愈：《韓昌黎集》，卷十八，〈與孟尚書書〉。

3.定偈
真若不滅，妄即不起，六根之源，湛如止水，是為禪定，乃脫生死。
4.慧偈
慧之以定，定猶有繫，濟之以慧，慧則無滯，如珠在盤，盤定珠慧。
5.明偈
定慧相合，合而後明，照彼萬物，物無遯形，如大圓鏡，有應無情。
6.通偈
慧至乃明，明則不昧，明至乃通，通則無礙，無礙者何？變化自在。
7.濟偈
通力不常，應念而變，變相非有，隨求而見，是大慈悲，以一濟萬。
8.捨偈
眾苦既濟，大悲亦捨，苦既非真，悲亦是假，是故眾生，實無渡者。⑩

⑩《景德傳燈錄》，《大正藏》卷五十一，第廿四冊，東京，一九二八年出版。

始創於菩提達摩的中國禪宗，在宋朝（九六〇－一二七九）儒家重振之前的五代時期極為活躍。

禪宗的基本原則是(1)以心為主人；(2)肯定由心得到的直接了悟。這兩個原則對新儒學的復興——特別是宋朝時心學派的興起——極有貢獻。

宋儒對這種思考方式的態度並不一致。宋儒分為兩派：(1)心學派，此派相信本心的恢復；以及(2)理學派，這派相信可以從外界求得許多知識。陸九淵（象山，一一三九－一一九三）及楊簡（一一四〇－一二二六）是心學派的代表人物；而程頤（伊川，一〇三三－一一〇七）、朱熹及其弟子後學則聲稱他們相信「理學」。而他們的共同面貌是認為正確的知識來自於心。

陸象山是宋朝心學派的開山祖師。王陽明（一四七二－一五二九）則在明代（一三六八－一六四四）承繼陸氏的工作。底下是他們之貢獻的一個簡要敘述。

陸象山經常要求人返求本心，他的哲學是建立在底下三個原則上：

一、先立其本或先立其大　陸象山這一原則是學自孟子，其中包含了心的認知以及感官慾望的去除。陸象山贊同孟子的主張，認為人們若順從心的權威，那麼便就有能力發現何者對其自己是正確的，因為人性天生就是成全完善的。

二、去慾　雖然人本身是成全完善的，但他卻經常行事乖錯，這是為什麼呢？這乃是因為人經常受到感官、慾望、及激情的刺激；或者乃是說人經常由於受愛惡的影響而變得有偏見。

三、不把道問學工夫看為最重要　陸象山確信心的優先性。基於這種信念，他輕視心應該從外面世界學習更多知識這種看法。

在陸象山寫給其學生曾宅之的一封信中，他解釋他的觀點說：

「此理本天所以與我，非由外鑠，明得此理，即是主宰。真能為主，則外物不能移，邪說不能惑。所病於吾友者，正謂此理不明，內無所主，一向縈絆於浮論虛說，終日只依藉外說以為主，天之所與我者，反為客，主客倒置，迷而不返，惑而不解。」⑪

⑪陸九淵：《象山先生集》，卷一，〈與曾宅之書〉。

這封信很明顯地是一封指責朱熹這位擁護理學派者的信。

於此我們將看到，陸象山與其門人楊簡的談論中，如何將禪宗的方法借用進來，闡明心自知何者為善、何者為惡的道理。楊簡本來是富陽主簿，後歸入陸象山門下，楊簡曾問陸象山說：「如何是本心？」陸象山乃舉孟子的話告訴他：「惻隱，仁之端也；羞惡，義之端也；辭讓，禮之端也；是非，智之端也，此即是本心。」⓬

楊簡回答說：「簡兒時已曉得，畢竟如何是本心？」楊簡這個問題一直提了好幾遍，但陸象山仍一直不改變同樣的答覆，而楊簡也一直不能懂得其道理。

由於楊簡是富陽主簿，適有賣扇子的來訴訟，楊簡判定其是非曲直後，又向陸象山提出同樣的問題。陸象山於是說：「聞適來斷扇訟，是者知其為是，非者知其

⓬同前書，卷三十六，〈年譜〉。

⓭同前註。

為非，此即敬仲本心。」⑬於是楊簡恍然大悟，更加確信心的自知自明。

現在我們要談談明代的發展。起初王陽明很難了解儒家哲學，尤其對「格物」的道理無法了解，朱子的解釋認為萬物背後都有某些「理」在，我們必須經由研究從而發現這些道理。王陽明於是將朱子的理論拿來實驗，格其家庭園中的竹子以求致其理。經過許多次的苦思反省後，王陽明終無所得，並且還因為苦思用力太過而生病。王陽明於是結論認為他極力苦求學習正就是他無法致得其知的原因。於是王陽明想到，當事物與其理相互分離時，它們如何能夠在一個人的心中同而為一呢？由於他深受到這種問題的逼迫，於是他有一小段期間放棄了格物的想法。

當王陽明三十八歲時，他遭受貶謫到貴州的龍場驛當驛丞。這期間他忽然頓悟了格物的意義，當時由於他太高興了，出聲太大，使得在房中睡覺的人也被吵醒起來。他的了解乃是建立在一種所謂物只不過是心之所對的觀念上。當事物要被人所認識，它必須經由人的意識；當然事物的原理也就因此而能被人的心發現。於是王陽明接著考察古代經典，並在這些經典中找到了表示這道理的話，證明其新發現與古經典相符若。（按此即是指陽明於龍場頓悟後著《五經臆說》一事）從這時候起，他揭櫫「心即理」，亦即知為實在之核心的理論。

底下一點顯示出王陽明是如何定義其基本觀念，並且也顯示出他的思想結構是如何建立起來的：「理一而已，以其理之凝聚而言則謂之『性』；以其凝聚之主宰而言則謂之『心』；以其主宰之發動而言則謂之『意』；以其發動之明覺而言則謂之『知』；以其明覺之感應而言則謂之『物』。」⓮這一段引文只是其思想的一個核心部分，若要徹底地了解王陽明的思想，我們還有待做更進一步的研究。

王陽明曾經說過：

「可知充天塞地中間，只有這個靈明，人只為形體自間隔了。我的靈明，便是天地鬼神的主宰，天沒有我的靈明，誰去仰他高？地沒有我的靈明，誰去俯他深？鬼神沒有我的靈明，誰去辨他吉凶災祥？天地鬼神萬物，離卻我的靈明，便沒有天地鬼神萬物了；我的靈明，離卻天地鬼神萬物，亦沒有我的靈明。」⓯

⓮ 王陽明：《傳習錄》中〈答羅整庵少宰書〉。
⓯ 王陽明：《傳習錄》下第一三三條。

王陽明論點中的一些要點如下：由於動植物能夠養人，藥石能夠治療人的疾病，因此在生物世界——物理世界與人類兩方面之間必然要有精神上一氣相通之處，因此宇宙核心中存有靈覺這一點是王陽明的根本信念。在這一核心處，人緊密地與在上的超自然世界和在下的自然世界連在一起。宇宙即是以人為其中心的一個整體。

底下一段王陽明與其學生的對話更詳細地告訴我們他對於宇宙作為整體的看法：

問：「人心與物同體，如吾身原是血氣流通的，所以謂之同體；若於人便異體了，禽獸草木益遠矣，而何謂之同體？」

先生曰：「你只在感應之幾上看，豈但禽獸草木，雖天地也與我同體的，鬼神也與我同體的。」

請問。

先生曰：「你看這個天地中間，甚麼是天地的心？」

對曰：「嘗問人是天地的心。」

曰：「人又甚麼教做心？」

對曰：「只是一個靈明。」

「可知充天塞地中間，只有這個靈明。人只為形體自間隔了。我的靈明便是天地鬼神的主宰，天沒有我的靈明，誰去仰他高？地沒有我的靈明，誰去俯他深？鬼神沒有我的靈明，誰去辨他吉凶災祥？天地鬼神萬物離卻我的靈明，便沒有天地鬼神萬物了；我的靈明，離卻天地鬼神萬物，亦沒有我的靈明。如此，便是一氣流通的，如何與他間隔得？」⑯

這一段對話告訴了我們，王陽明是如何地來看待這一基本問題。他的意思是說：靈明即是實在，靈明包含有兩項，其一端是「心」，也就是能知，另一端是「宇宙」，也就是所知。它不但不能只指實體性而不指另一端，也不能單指人類。因此王陽明說：

「目無體，以萬物之色為體；耳無體，以萬物之聲為體；鼻無體，以萬物之臭為

⑯王陽明：《傳習錄》下第一三三條。

體；口無體，以萬物之味為體；心無體，以天地萬物感應之是非為體。」⓱

以上王陽明的意思是說，宇宙的本性依待於心知；並且若是沒有人的靈明或心，那麼必也只有一片混沌錯亂的知覺而已。由此他說：

「良知是造化的精靈，這些精靈，生天生地，成鬼成帝，皆從此出，真是與物無對。人若復得它完完全全，無少虧欠，自不覺手舞足蹈，不知天地間更有何樂可代。」⓲

王陽明認為良知就像光明而富有能量的太陽；它知道何者為是、何者為非；它將無上命令具現出來。然而良知（或心）必須要保持純潔無私，以免使得它在人心中表現得像太陽遭受雲朵的遮掩。精靈是實在，然而實在的把握則要依待於一個純

⓱ 王陽明：《傳習錄》下第七十五條。
⓲ 王陽明：《傳習錄》下第六十一條。

潔無私的心靈。王陽明很喜歡從《中庸》中摘引句子，例如：「《詩》云：『鳶飛戾天，魚躍于淵』言上下察也。」⓳鳶鳥在高空之上飛行，魚悠游於澤海之中這個現象背後，隱含著許多高妙的隱奧，由此我們很可以理解地明白整個宇宙即是一個整合的整體。

這種將真與善連結在一起的做法，很明白地是良知的定義，也是王陽明自己希望是他所首創出來的一個定義。對於王陽明來說，善與真理之光即是宇宙的真實實在。

⓳參見王陽明：《傳習錄》下第一二七條。

附錄一　王陽明的哲學

《東西哲學季刊》專文

若有人問我：誰是中國最具影響力的思想家，我將毫不猶疑地回答是王陽明。王陽明是明朝（一三六八—一六四四）極受推崇的人，他生於西元一四七二年至一五二九年之間。《明儒學案》中有二十六卷是在敘述陽明學派，約占全書的一半。這點意味著他有非常多的門人散佈在中國各地。王陽明並且敢於向從宋朝（九六〇—一二七九）以迄於清朝（一六四四—一九一一）的正統學派宗師朱熹（一一三〇—一二〇〇）挑戰。王陽明的哲學是經過深思而構成的體系，人們經常深刻感受到其徹底而尖銳的特性。如此說，我並沒有意思要故意誇大王陽明的勢力，或壓低朱子的偉大，兩者都是中國哲學史上的偉大思想家，但他們的思考方式中卻有一個差別。由於他們每個人都建立了一個系統，其領域並都包含了物理世界和道德價值、個人及宇宙。但是朱熹的系統則以其多面性及普遍性而被人認為是謹慎周慮的構作；陽明的系統則以尖銳和深透為特色。

為要使讀者對底下進行的討論具備背景知識，首先我想將王陽明的主要論點撮要如下：

一、心即理，當心無私欲之蔽，即是天理，自然會踐履正道，及遵行無上命令。

二、依常識，含藏塊然物事的外在世界是意之所對者，柏克萊「存在即知覺」(esse est percipi) 之說，王陽明早亦已見到。

三、俗見以為意和知是心分別的兩個作用，但在王陽明的系統中，它們則是相互關連的，心之所發便是意，意之本體便是知。

四、知為實在的心，亦即說，實在包含於意識之中。

五、宇宙乃人為其心或中心的整體，所有人都是同胞手足，物理對象都具有類同於心的精神。

六、若無心或良知，則宇宙便不會有作用。

七、物質或自然世界是以心為其作用的物質。

底下一段引文，王陽明自己解釋了他的基本觀念，並說明了他的思想架構是怎樣建立起來的：「以其理之凝聚而言則謂之『性』，以其凝聚之主宰而言則謂之『心』，以其主宰之發動而言則謂之『意』，以其發動之明覺而言則謂之『知』，以其明覺之感應而言則謂之『物』。」❶然上面這個問題只是其思想核心的一部分，我們仍得詳細研究他的整個思想。

壹　形而上學：宇宙的凝聚

王陽明的前提是以宇宙的明覺、良知或知為其管鑰，此非僅限於人，廣義上並可推至一切有生命之物，乃至推及塊然的物理對象。王陽明說：「人的良知，就是

❶王陽明：《傳習錄》，《全集》（四部備要本），中華書局，卷二，〈答羅整庵少宰書〉，頁二八。

草木瓦石的良知；若草木瓦石無人的良知，不可以為草木瓦石矣。」❷

另一處王陽明又說：「可知充天塞地中間，只有這個靈明，人只為形體自間隔了。我的靈明，便是天地鬼神的主宰，天沒有我的靈明，誰去仰他高？地沒有我的靈明，誰去俯他深？鬼神沒有我的靈明，誰去辨他吉凶災祥？天地、鬼神、萬物離卻我的靈明，便沒有天地鬼神萬物了，我的靈明離卻天地鬼神萬物，亦沒有我的靈明，如此，便是一氣流通的，如何與他間隔得？」❸

我不準備由上文便說王陽明是「物活論者」，然而在他的說法中，卻多少隱含有這種意思，他說五穀、禽獸之所以可以養人，藥石之所以可以治病，乃是因為自然、生物世界與人的世界中有一氣相通之故。

靈覺之存在於宇宙中心，這是王陽明的基本信念，而人即是此中心，密切地

---

❷同上，卷三，頁一三。

❸同上，卷三，頁二六。

與在上的超感官世界和在下的自然世界連結在一起。宇宙是以人為其中心的一個整體。

底下王陽明與其學生的談話清楚地描述了他把世界看為一整體的想法：

問：「人心與物同體，如吾身原是血氣流通的，所以謂之同體；若於人便異體了，禽獸草木益遠矣，而何謂之同體？」

先生曰：「你只在感應之幾上看，豈但禽獸、草木，雖天地也與我同體的，鬼神也與我同體的。」

請問。

先生曰：「你看這個天地中間，甚麼是天地的心？」

對曰：「嘗聞人是天地的心。」

曰：「人又甚麼教做心？」

對曰：「只是一個靈明。」

「可知充天塞地中間，只有這個靈明。人只為形體自間隔了。我的靈明，便是天地鬼神的主宰。天沒有我的靈明，誰去仰他高？地沒有我的靈明，誰去俯他深？鬼神沒有我的靈明，誰去辨他吉凶災祥？天地鬼神萬物，離卻我的靈明，便沒有

天地鬼神萬物了，我的靈明，離卻天地鬼神萬物，亦沒有我的靈明，如此，便是一氣流通的，如何與他間隔得？」❹

這段話告訴我們王陽明如何來看這個根本問題。他的意思是說，人的靈明是實在世界的本質。靈明分有兩面：一方面是知，另一方面是被知的宇宙。這兩面中任一方面都不能少卻另一方面而仍對人有意義。因此，王陽明說：「目無體，以萬物之色為體；耳無體，以萬物之聲為體；鼻無體，以萬物之臭為體；口無體，以萬物之味為體；心無體，以天地萬物感應之是非為體。」❺

王陽明的意思是說，宇宙的本性依賴於知。沒有靈明或心，那麼它就要成為一個黑暗的世界，或對我們沒有意義的世界。因此，他說：「良知是造化的精靈，這些精靈，生天生地，成鬼成帝，皆從此出，真是與物無對，人若復得他完完全全，

❹同上條。
❺同上，卷三，頁一四。

無少虧欠，自不覺手舞足蹈，不知天地間更有何樂可代。」❻

王陽明認為良知如同太陽，其照明乃是因為它知道是非，或它體現無上命令，然而這種必須要保持純粹無私，否則它就會像太陽被雲翳遮掩而昏暗。因此，精神性即是實在，但要把握住實在則要依賴於純粹無私的心。

王陽明很喜歡引用《中庸》裏的一句話：「《詩》云：鳶飛戾天，魚躍于淵。」❼這段話所描述的是在展現世界活動的。我們見到的是鳥飛翔於天空，魚游於深海中，然而在此背後藏有著奧秘。所以為靈明的，乃即這個宇宙是一個整體。

王陽明的良知並不只是知識，而是使得事物可見得以及可理解得的光明。英國劍橋的一位柏拉圖主義者史密斯 (John Smith) 說：「經由純粹思辨這種由三段論證明來引導的方法，所取得的是淺薄、虛泛的知識；而源自於真正至善的……則能將神性的光明引入於靈魂中，比其他證明更為清晰確實。為什麼——儘管我們有這麼

❻同上，卷三，頁一一。
❼同上，卷三，頁二五。

多犀利的理由和精妙的辯駁——真理不再於世界上遍行，其理由乃是因為我們這麼經常將真理與真正至善分開，事實上它們本身從來就是不可分開的。」❽

這種真理與至善接連在一起，構成了王陽明本人亦會同意的良知的定義。真理與至善的光，依王陽明的說法，即就是宇宙的實體。

這些片段，不管是取自東方或西方的思想家，都告訴我們宇宙是一個以人為其中心的整體。中國哲學家王陽明不但告訴我們人是什麼，並且還告訴我們人應該是什麼。王陽明總結地說：「大人之能以天地萬物為一體也，非意之也。其心之仁，本若是。其與天地萬物而為一也，豈惟大人，雖小人之心，亦莫不然。……是故見孺子之入井，而必有怵惕惻隱之心焉。是其仁之與孺子而為一體也，孺子猶同類者也。見鳥獸之哀鳴觳觫，而必有不忍之心焉。是其仁之與鳥獸而為一體也，鳥獸猶

❽ Basil Willey, *The Seventeenth Century Background* (New York: Doubleday & Co. Inc., 1953), p. 144.

有知覺者也。見草木之摧折，而必有憫恤之心焉，是其仁之與草木而為一體也，草木猶有生意者也。見瓦石之毀壞而必有顧惜之心焉，是其仁之與瓦石而為一體也，是其一體之仁也。雖小人之心亦必有之。是乃根於天命之性，而自然靈昭不昧者也，是故謂之明覺。」❾

王陽明的世界是有意識或道德的存有，與同他一樣具有精神性血緣的動植物共生在一起的大社區。這個宇宙是目的論的，因為在其中主宰的是意識的法則和道德價值。

換句話說，仁的意義乃是萬物一體同根所原由而出的。它是精神的，也是經驗的；它是形而上的，同時也是形而下的，這一學說極卓越地說明了中國道德價值的形而上理論是如何深刻地植根於人類的實際生活上。

王陽明的宇宙觀念表達得無過於前述各段有關心或理、或真理之光構成實體的

❾《王陽明全集》，卷二十六，〈大學問〉，頁二。

話更為生動了。

貳　心理學及知識論

王陽明從兩個觀點來談他有關心的理論：(1)自然主義的心，及(2)規範意義的心。他經常併合這兩個觀點，從自然主義出發，而以規範意義結束。

王陽明一位學生蕭惠抱怨說：「己私難克，奈何？」

先生曰：「將汝己私來替汝克。」又曰：「人須有為己之心，方能克己，能克己，方能成己。」

蕭惠曰：「惠亦頗有為己之心，不知緣何不能克己？」

先生曰：「且說汝有為己之心是如何？」

惠良久曰：「惠亦一心要做好人，便自謂頗有為己之心。今思之，看來亦只是為得箇軀殼的己，不曾為個真己。」

先生曰：「真己何曾離著軀殼？恐汝連那軀殼的己也不曾為。且道汝所為軀殼的己，豈不是耳、目、口、鼻、四肢？」

惠曰：「正是為此，目便要色，耳便要聲，口便要味，四肢便要逸樂，所以不能克。」

先生曰：「美色令人目盲，美聲令人耳聾，美味令人口爽，馳騁田獵令人發狂，這都是害汝耳、目、口、鼻、四肢的，豈得是為汝耳、目、口、鼻、四肢！若為著耳、目、口、鼻、四肢時，便須思量耳如何聽，目如何視，口如何言，四肢如何動；必須非禮勿視、聽、言、動，方才成個耳、目、口、鼻、四肢，這個才是為著耳、目、口、鼻、四肢。汝今終日向外馳求，為名、為利，這都是為著軀殼外面的物事。汝若為著耳、目、口、鼻、四肢，要非禮勿視、聽、言、動時，豈是汝之耳、目、口、鼻、四肢自能勿視、聽、言、動，須由汝心。這視、聽、言、動，皆是汝心；汝心之視，發竅於目；汝心之聽，發竅於耳；汝心之言，發竅於口；汝心之動，發竅於四肢；若無汝心，便無耳、目、口、鼻。所謂汝心，亦不專是那一團血肉；若是那一團血肉，如今已死的人，那一團血肉還在，緣何不能視、聽、言、動？所謂汝心，卻是那能視、聽、言、動的，這個便是性，便是天理。有這個性，才能生這性之生理，便謂之仁，這性之生理發在目，便會視；發在耳，便會聽；發在口，便會言；發在四肢，便會動；都只是那天理發生。以其主宰一身，故謂之心。這心之本體，原只是個天理，原無非禮。這個便是汝之真己，這個真己是軀殼的主宰。若無真己，便無軀殼；真是有之即生，無之即死。汝若真為那麼軀殼的己，必須用著這個真己，便須常常保守著這個真己的本體，戒慎不覩，恐懼不聞，惟恐虧損了他一些，才有一毫非禮萌動，便如刀割、如針刺、忍耐不過，必須去了刀，拔了針，這才是有為己之心，方能克己，汝今正是認賊作子，緣何卻說有為己之心不能克己！」❿

在這段討論中，王陽明從(1)前面所提的自然主義層面出發來談「心」，然後終結於(2)規範的層面。他歸結地提出了心所應當的是什麼，而不是心實際上是如何。規範地說：心即理。

底下再引王陽明著作中有關心的定義：「心之體，性也，性即理也。」⓫「夫物理不外於吾心」⓬，「至善是心之本體」⓭。

❿同上，卷一，頁二六—二七。

⓫同上，卷二，〈致顧東橋〉，頁一一—一二。

⓬同上，卷二，頁一二。

又王陽明有關心之本性的說明如下引：「心即理也，天下又有心外之事，心外之理乎？……且如事父，不成去父上求箇孝的理；事君，不成去君上求箇忠的理，交友、治民，不成去友上、民上求個信與仁的理：都只在此心。心即理也，此心無私欲之蔽，即是天理，不須外面添一分。以此純乎天理之心，發之事父便是孝，發之事君便是忠，發之交友、治民便是信與仁。只在此心去人欲、存天理上用功便是。」⓮

上面即是王陽明所揭話頭「心即理」的意義，這一話頭令人回想起，它正是源自於南宋陸象山（一一三九—一一九三）。由於王陽明踵繼其著名前驅的腳步前進；然為如此做，他逸離了程朱學派的正統。依以前程朱的傳統應是「性即理」。程朱一系堅守心為二層的理論，上層是理之所在的「性」，下層則為知覺意識的心（亦即是自然義的「心」）；然而若有人認為陸王完全放棄心兩分，而提出同康德

⓭同上，卷一，頁一。
⓮同上，卷一，頁二。

一樣有趣關於思想形式的理論，那麼他便錯了。他們只不過把兩個層次融為單一整體上去，因為理必須透過心來表示，尤其是要透過心的思想歷程來表示。

然而若把王陽明看成是陸象山的徒眾，這也離錯誤不遠。於「心即理」之說上，這兩個哲學家的理論是一樣，然而應強調地是，王陽明的整個系統比其前驅陸象山更為廣攝、更為發展，而在這種意義下，王陽明的體系與陸象山的比起來，也是屬於原創性的。「心即理」之說在陽明的系統中比陸象山的系統發展到更為圓滿的地步。

「良知」一詞在這段說明陽明學說的文字當中出現了許多次。也許現在正好解釋一下它的意義，中文「良知」一詞是指內在的認知能力。王陽明所用「知」、「良知」等都是指同樣意思。王陽明說：「良知之在人心，不但聖賢，雖常人亦無不如此。……」⓯此意即是指良心或相共之知。陽明在致陸原靜的書信中還說：「……

⓯同上，卷二，〈致陸原靜〉，頁八。

而良知未嘗不在，但人不知存，則有時而或放耳！雖昏塞之極，而良知未嘗不明，但人不知察，則有時而或蔽耳。雖有時而或放，其體未嘗不在也，存之而已耳；雖有時而或蔽，其體未嘗不明也，察之而已耳。……」[16]

在陽明的看法中，良知是理性或實在界的一部分。他說：「良知是天理之昭明靈覺處，故良知即是天理。」[17]

在這封致歐陽崇一的信中，王陽明還說：「是故良知常覺常照，常照則如明鏡之懸，而物之來者自不能遁其妍媸矣。」[18]

如此，所引王陽明論良知的話已足以顯示它之作為純粹理性及實踐理性的基本範疇。

於中文「良知」一詞，英文我將譯為"intuitive knowledge"，王陽明此一術語

---

[16] 同上，卷二，頁一七。

[17] 同上，卷二，〈答歐陽崇一書〉，頁二四。

[18] 同上，卷二，頁二六。

是借自於《孟子》一書。事實上，《孟子》中這一詞所由出的那段文字亦值得引述，因為它對於解釋這一個詞的意義能投予一道光明。孟子說：「人之所不學而能者，其良能也。所不慮而知者，其良知也。孩提之童，無不知愛其親也。及其長也，無不知敬其兄也。親親，仁也；敬長，義也。達之天下也。」⑲

良能或良知可能會被現代一些心理學者解釋為本能，在陽明的系統中，它是哲學的概念，並且涵蓋了意識生活的三個層面：知、意、情。

許多哲學家如洛克 (Locke)、休謨 (Hume) 之建立知解或悟性或認知的體系，這並沒有什麼難解之處。較稀罕是以意志來建構體系，然叔本華 (Schopenhauer) 由於受了許多印度哲學的影響，所以他如此做了。至於王陽明，如同我們前面所引許多話，他極其強調良知，則是幾近完全強調意的角色。

這個他所強調的意是真正的意或實在的意，或他所稱之為「誠意」者。於此，

⑲《孟子》，第七篇下，第十五章。

「誠意」一詞，他的意思與康德的「善意志」(good will) 極為相同。王陽明以其慣常明確的說明說：不管心中有否任何活動或刺激，這就是意。而控制意的方法則是在於存受良善的動機以及除去不善的動機，然後此意乃誠。

這一理論同時意含誠意與知有關。任何引發意的刺激都被認為是良知。王陽明極精巧地解釋了他的立場：「今人學問，只因知行分作兩件，故有一念發動，雖是不善，然卻未曾行，便不去禁止。我今說個『知行合一』，正要人曉得一念發動處，便即是行了，發動處有不善，就將這不善的念克倒了，須要徹根徹底，不使那一念不善潛伏在胸中……。」[20]

於此王陽明所強調的是，若不善的意念能被完全清除，那麼一直都是在意念初發動階段的意，在它要付之於行動以實現它之前仍可以被導向正確的方向。

對於意這個論題，王陽明還談了許多，在〈大學問〉中，他說：「然心之本體

---

[20] 《王陽明全集》，卷三，頁五。

則性也，性無不善，則心之本體本無不正也，何從而用其正之功乎？蓋心之本體本無不正，自其意念發動，而後有不正。故欲正其心者，必就其意念之所發而正之，凡其發一念而善也，好之真如好好色，發一念而惡也，惡之真如惡惡臭，則意無不誠，而心可正也。」㉑

從上面所引一段來看，朱子學說與王陽明的差別便很清楚了。朱子這位儒學正統派的大主柱，經由理性而特強調致知，認為一個人只有熟習了許多知識後才能分辨是非善惡。然而王陽明繼承孟子的「良知」教，主張人一旦用其良知於其意念上時，其人即能分別是非善惡，是以心乃又恢復其正了。

王陽明系統強調意與知的密切關係——但這種細密的哲學理論，除了康德的實踐理性外並不容易見到，康德也一樣強調說實踐理性即就是意志。王陽明做了這樣的解釋：「意念之發，吾心之良知既知其為美矣，使其不能誠有以好之，而復背而

㉑同上，卷二十六，〈大學問〉，頁四。

去之，則是以善為惡，而自昧其知善之良知矣。意念之所發，吾之良知既知其為不善矣，使其不能誠有以惡之，而復蹈而為之，則是以惡為善，而自昧其知惡之良知矣。若是，則雖曰知之，猶不知也。」❷❷

以上王陽明的意思是說：「行符合於良知，則意可誠，反之便不能誠。」

由此王陽明更進一步說：「今於良知所知之善惡者，無不誠好而誠惡之，則不自欺其良知而意可誠也矣。」❷❸

如此，讀者當亦已明白，於王陽明來說，良知與意念的關係是多麼的密切。

關於王陽明論「意」這一主題談了這許多，現在我們來談他的知識論。王陽明非常明白知識論上的問題。他的系統的管鑰亦即「物是意之所對」這一命題，他說：「一旦我們認為事物存在於我們之外，而在空間中占有位置，那個自然世界與

❷❷ 同前條。
❷❸ 同前條。

心就兩分了，其統一亦不可想像了。」王陽明在龍場頓悟格物致知那一夜，發現到一切所謂「物」者都是意之所對，於是搭架了溝通心與其對象間的橋樑，而為其哲學體系立了知識論基礎。

就像柏克萊 (Berkeley) 及康德所探求的：外在世界的科學知識是否可能？王陽明亦問：知與道德價值是否可能？結果這位中國哲學家發現：任何知識，不管是外在世界的或道德價值，若要真為知識，則它首先必須以意存於心中，然後通過作為思想對象之歷程。

為要說明王陽明關於物為意之所對的理論，我們可以考察一下他答覆顧東橋的信：「朱子所謂格物云者，在即物而窮其理也。即物窮理是就事事物物上求其所謂定理者也，是以吾心而求理於事事物物之中，析心與理而為二矣。夫求理於事事物者，如求孝之理於其親之謂也；求孝之理於其親，則孝之理其果在於吾之心邪？抑果在於親之身耶？假而果在於親之身，則親沒之後，吾心遂無孝之理歟？見孺子之入井，必有惻隱之理，是惻隱之理果在於孺子之身歟？抑在於吾心之良知歟？其或不可以從之於井歟？其或可以手而援之歟？是皆所謂理也，是果在於孺子之身歟？抑果出於吾心之良知歟？以是例之，萬事萬物之理莫不皆然，是可以知析心與理為二之非矣。……若鄙人所謂『致知格物』者，致吾心之良知於事事物物也。吾心之良知，即所謂『天理』也。致吾心良知之『天理』於事事物物，則事事物物皆得其理矣。致吾心之良知，致知也；事事物物皆得其理者，格物也。」[24]

於此另有一段關於王陽明答覆人詢問他「物為意之所對」之說的文字：有次王陽明遊南鎮，一友指巖中花樹問道：「天下無心外之物，如此花樹，在深山中自開自落，於我心亦何相關？」陽明先生回答他說：「你未看此花時，此花與汝心同歸於寂；你來看此花時，則此花顏色一時明白起來，便知此花不在你的心外。」[25]

讀者於此要記得，對王陽明來說，意或心所揭的知識的重要性並不是在於它們是主觀的，而是在於它們具有形而上學的意義。關於這點，於下面的談話中表示得很清楚：

[24] 同上，卷二，頁四。
[25] 同上，卷三，頁一四。

朱本思問：「人有虛靈，方有良知，若草木瓦石之類，亦有良知否？」王陽明回答說：「人的良知，就是草木瓦石的良知；若草木瓦石無人的良知，不可以為草木瓦石矣。豈惟草木瓦石為然，天地無人的良知，亦不可為天地矣。」[26]

最後一句話清楚地告訴我們，我們關於世界的知識是我們的心所實地造成的，是由我們思想歷程造就而存在的構成。

在這個關鍵顯出了朱熹與王陽明兩人看法的差異。由於朱子亦一樣安守於傳統，因此他所關心的幾乎毫無例外的是道德價值，但是他仍採取科學的態度來面對世界，分析地來研究自然。尤其他所採取的進路，極近於笛卡兒把實在二分為思想與展延，亦將心與物理世界割離開。王陽明在他思想發展的最初階段，似乎追隨朱子，同樣設定心與其對象分而為二，此點可以從陽明格竹的故事得到證明，後來他

---

[26] 同上，卷三，頁一三。

肯認這個方法為無效。經過長期深思考慮後，正當於他貶謫於龍場時，終於得到了結論：由於事物首先必須先要在心中為意所對，所以理亦是在我們心中，而不是在外在世界裏。這一值得注意的結論，王陽明稱之為「心即理」，它或許可以稱之為柏克萊「存在即知覺」的中國版。

關於作為意之所對的「物」一詞的意義，我要提一下 Henke 的著作 *The Philosophy of Wang Yang-Ming*。無疑的，翻譯王陽明的著作成英文，正如他所自承是件困難的工作。我發現他所翻譯王陽明〈答羅整庵少宰書〉一信中丟失了一些原義。

首先讓我將 Henke 的翻譯與我的翻譯併比一下，其間所遺漏的意思便昭然若揭。Henke 的譯文："He who investigates things carries on this investigation with reference to the things of his mind, purpose and knowledge." [27]

---

[27] Frederick G. Henke: *The Philosophy of Wang Yang-Ming* (Chicago: The Open Court Publishing Co., 1916), p. 374.

此段原文為「格物者，格其心之物也，格其意之物也，格其知之物也」㉘。它共有三句，Henke 結為一句，其實應譯為：“The investigation of things means an examination of objects which are in your mind; it is also examination of objects to which the will is directed; it also means examination of things which are thought of in your knowledge.”

王陽明重複地分以三句話說出，因為他了解所謂物，不管是在心、在意、或在知，都只不過是意之所對。正由於物是意之所對，所以它們存在於心、於意、及於知中。我不認為 Henke 將之濃縮為一句能完全表達陽明原文的意義。

由此三句話引出王陽明底下更多的話，嘗試要去展示心、意、知不能無意之所對之物而做到正心、誠意、致知。

底下一段「正心者，正其物之心也；誠意者，誠其物之意也；致知者，致其物

㉘《王陽明全集》，卷二，頁二七。

之知也」㉙。Henke 將之譯為："He who rectifies, rectifies the mind manifested in his things; he who makes his purpose sincere, does so with reference to the purpose of his things; and he who develops his knowledge to the utmost does so with reference to the knowledge of his things." ㉚

Henke 用了 "he who" 這樣的主詞，因而使得他的譯文更顯得煩冗，而他將 mind, purpose, knowledge（心、意、知）之主觀面置於「物」之前，則恰與王陽明本意相反。

王陽明這幾句話應該簡單地譯為："Rectification of the mind means that things as objects of consciousness, which are in the mind, should be put right by rectification; making will true means that things as objects of consciousness, to which will is directed,

㉙ 同前條，頁二七—二八。

㉚ Henke, op. cit., p. 374.

should be brought in line with truthness; realization of knowledge means that things as objects of consciousness, which are in knowledge, should be studied to the utmost."

Henke 將前三句濃縮譯成一句以及對後面三句沒有抓住原意而以己意翻譯，其原因乃出於(1)事物是柏克萊義的意之所對；以及(2)主觀面（心、意、知）及客觀面（物）是可交相替換的。而正由於此可交相替換的性質，王陽明於是以同樣語法說出前三句，藉以強調主觀面（心、意、知），而在後三句中強調客觀面（物）。這兩個面以此方式交相關連，因此它們可以不改變意義地交互替換。

王陽明學派在中國造成了這麼大的影響，並在明朝成了朱子學派的對手。然而由於陽明弟子的眾多，各省許多門派亦多歸於其門下，結果對於他的學說造成了許多種解釋。他的講論在他的學生中繼續敷衍發展。到明末之際，他的學派終於被反對勢力所取代了。陽明學派由於其流弊，造成其在中國的沒落。

儘管陽明學派在中國的命運如此，然而他的影響在十七世紀時，由中國東渡到了日本。陽明學傳入日本的確切時間仍有爭論，日本學學者山森 (G. B. Sansom) 在其《日本文化簡史》(*A Short Cultural History of Japan*) 一書中說：「……我們必須提中江藤樹（一六〇八—一六四八）這個名字，他是日本陽明學的奠立者。」[31]然而從一份日文資料中顯示，僧人桂悟了庵曾於西元一五〇七年前往中國，並晤見了王陽明，在他離華返日時，許多中國友人紛紛賦詩贈別，其前並冠加了王陽明的序。這一說法只見於日文的文獻中，於中國並未之見。

然無論如何，中江藤樹無疑仍是日本倡導陽明學說而使之普遍流行的人。中江藤樹首先仍是屬於朱子學派，朱子學派自十五世紀便在日本立基了。然而中江藤樹在他三十七歲轉信王陽明的學說。山森曾對這一轉變做過解釋：「……由於陽明學斥拒書傳的權威性，推重實踐的主體道德，並堅持要自發地學習、自發地責令自己，以企達對真理的直覺認知。這些說法由於它們可以讓人擺脫傳統主義，及免卻賣弄學問，因此經常吸引日本上層階級最具活力和最有思想的人。」[32]這些話清楚說明了王陽明在日本具有吸引力的原因。

---

[31] G. B. Sansom : *A Short Cultural History of Japan* (London: The Gresset Press, 1936), p. 499.

[32] 同[31]。

中江藤樹的出發點是《大學》中的「明明德」，而所以為此「明」的基礎乃是在於宇宙（包括人及萬物）為一體，以及每個人的責任是如孔子在《論語》中所說「己立」之外還要「立人」。倘若一個人會不快樂，乃是因為其人未踐行他的責任。「明」的工夫應從個人自己開始，也就是說，要個人力求清淨自己的良心或良知，而施用之於人際關係上：即施用於親、君、兄弟、朋友等上去。到此為止，中江藤樹的思想仍未偏離中國人所了解的陽明學。然而中江藤樹特別強調孝是人際關係的基礎，這點他是否同王陽明相似，我們於此不準備討論它。

在中江藤樹與十九世紀陽明學在日本復興之間發生了許多事件，諸如日本朱子學派及陽明學之間的論爭，其間調和的嘗試，以及回返屬於日本本有的崇拜及思想的神道教之要求。其初有兩個人，佐藤一齋（一七七二—一八五〇）及大塩平八郎（中齋，一七九六—一八三七），在日本朱子學派的影響力極其衰退之際，為陽明學的復興預鋪好了道路。研究日本哲學及儒家的權威井上哲次郎曾說這兩位思想家是王陽明的信徒。但有些其他學者則認為他們是屬於朱子一派的。然無論如何，我想直接過渡到現在來談大塩中齋的三傳弟子吉田松蔭，吉田松蔭是大塩中齋的學生佐久間象山的學生。吉田松蔭是日本明治維新背後的重要推動精神。而對於佐藤一齋及大塩中齋兩人，有些學者將他們歸為陽明的信徒，另有些學者則將他們劃歸朱子學派。

吉田松蔭留有他認為是日本精神基礎的七條原則，這七條是：

一、天皇與萬民應和諧地為同一社會中的成員而共同生活在一起。

二、對天皇的忠與對父母的孝應視為同一德性所分顯的兩面。

三、每一個人應察其「義」，義為勇的基礎。

四、每一個人的作為應真誠，並坦承自己的過錯。

五、人們應較俗常更力向祖先學習。

六、人們應多親近良師益友。

七、人們應堅忍而為、蹈死而不辭。

最後一條原則，吉田松蔭自己以身體證之了，因為他堅忍地從事日本的維新，終至以死殉。

那些把吉田松蔭當為朱子學派的人，是因為他極強調專重忠孝的武士道。但我們不應忘掉，如同前文已提到的，他也是大塩中齋的學生佐久間象山的學生，大塩中齋對調和朱陸之學極富興趣，因此吉田松蔭自然受到這兩個學派的影響。而他為其所信至以死殉的事實，顯示出他了解並踐履了王陽明「知行合一」之教。

在吉田松蔭的學生中，伊藤博文及山縣有朋兩人是明治天皇的肱臣。吉田松蔭被處死後，是由伊藤博文替他埋葬的。

從陽明思想在日本造成正面的影響來看，很明顯他的哲學具有很強的活力，因此，它還有希望在遠東重新復活。

附錄二

心與道德秩序❶

施友忠　原著

中國大部分哲學系統都以「心」為基本概念。由於釋道思想的衝擊，「心」的概念在宋代理學中得到了充分發展。然而理學家的觀點受到古經書——特別是《易經》、《孟子》——的影響，因此我相信把理學家對心的看法看成中國哲學發展的主要型態是不為過的。

❶ 原作者及題目和刊出資料如下：Vincent Yu-chung shih, "The Mind and the Moral Order"，刊於 *Mélanges chinoases et boudhiques*, X (1955), 347–64.

對研究中國歷史和思想的人來說，沒有問題比「為何中國沒有科學？」以及「為何在所有朝代更迭中，中國君主時代的結構會改變得這麼少？」更引人入勝和困惑。事實上，這個問題我們可以有很多種解釋。但以一個研究哲學的人來說，我自然願意以哲學作為探討的線索。由於「心」是中國哲學的主要概念，因此我首先要對這個概念做一個簡要的說明，然後檢討它有什麼可以提供我們作為線索，來解釋上述兩個問題。

理學家認為心是無法捉摸的❷，是「寂然不動，感而遂通」❸。我們對它的知識來自於它的活動，因為它是在作用中呈現的。所以說「體用一源、顯微無間」❹。

❷程顥描寫為「沖漠無朕」，《濂洛關閩書》，正誼堂叢書，8/2a。朱熹用「沖漠」描寫道，在他的系統下，此可能解釋為萬事萬物之理內在於心中，同前書，13/1b。另外王守仁見：《陽明全集》，四部備要重印本，上海：中華書局，1/45。

❸「寂然不動，感而遂通」首見於《易經》。《周易引得》，哈佛燕京學社（一九三五），43/Hsi A/9，此語幾乎為所有理學家所引用。

❹見朱熹：《濂洛關閩書》，14/7a。又王守仁，見上引書，1/43; 48; 61。

心被認為是宇宙之心，同時也是個人之心；兩者並無分別。陸象山說：「宇宙便是吾心，吾心即是宇宙。」❺不管宇宙之心的作用如何，它並不外於個人之心❻。離開了個人之心，也就沒有宇宙了。王陽明有一次告訴學生：「今看死的人，他這些精靈游散了，他的天地萬物尚在何處？」❼所以事實上「人是天地之心」❽。

❺陸九淵：《陸象山全集》，上海：世界書局（一九三六），22/173。

❻陸氏上引書，1/145，陸氏說：「道未有外乎其心者。」又1/7中說：「道外無事，事外無道。」因此他又說：「自可欲之善，至於大而化之之聖，聖而不可知之神，皆吾心也。」見其書，19/145；他在22/173中並且說：「宇宙分內事，即吾分內事；吾分內事，即宇宙分內事。」王陽明在其《全集》中亦說：「心即理也，此心無私慾之蔽，即是天理。」「……所以某說無心外之理，無心外之物。」以上俱見於《傳習錄》卷上。

❼見《王陽明全集》，3/85：「今看死的人，他這些精靈游散了，他的天地萬物尚在何處？」

❽同上引：「先生曰：『你看這天地間，甚麼是天地的心？』對曰：『嘗聞人是天地的心。』曰：『人又甚麼教做心？』對曰：『只是一個靈明。』」又2/67王陽明說：「夫人者天地之心，天地萬物本吾一體者也。」

心包容一切，無物非心，心外無物❾。孟子所說：「萬物皆備於我矣！」❿最

---

❾對於吾人與「理」為一及吾人與天地萬物為一的道理，我們還有許多參考文獻，底下是一些隨手拈出的例子。

程子（收於程氏兄弟集中的語錄，經常只注明為「程子」，不特別標明是程顥或是程頤）：《濂洛關閩書》，3/11a; 8/29b。

朱熹：〈大學注〉（第五章）及對《孟子》「萬物皆備於我矣」條的注，見《孟子引得》，哈佛燕京學社（一九四一），51/74/4。

《濂洛關閩書》，14/11a, 17a; 15/49, 54; 17/13b 及 19/15a。朱子在 19/15a 中所論，我認為在論他的一元論中尤具重要性，茲引述如下：「儒釋之異，正為吾以心與理為一；而彼以心與理為二耳。然近世一種學問，雖說心與理一，而不察乎氣稟物欲之私；故其發亦不合理，卻與釋氏同疾，又不可不察。」此點是朱熹批評陸象山的說法。然而朱子對陸氏立場的批評並不是針對他的一元論，而是批評他無法正視氣這種以物質及物欲呈現出來的東西。明王陽明曾引述一段朱熹所說而不能否認的話：「晦菴謂『人之所以為學者，心與理而已。心雖主乎一身，而實管乎天下之理；理雖散在萬事，而實不外乎一人之心。』」但陽明批評朱子還不完全是一元論者，他以為講論心「與」理會造成錯誤推論，以為心與理為二而非一。我認為陽明的批評是吹毛求疵。朱子的一元論並沒有錯誤。

常被理學家引用。心即使在寂然不動的時候，也暗含著所有事物的形式；天地伊始，萬事萬物的原理就已暗含於心中⓫。這句話似乎暗示哲學家沒有什麼東西好再討論了。事實上，這句話可以改為：從「心外無物」的說法，我們也可以說無物也就沒有心。而這點也正是陽明所說的⓬。因此，如我們前面所說：「我們對於心的

《陽明全集》1/37錄有：「愛問：『至善只求諸心，恐天下事理有不能盡。』先生曰：『心即理也，天下又有心外之事，心外之理乎？』」又1/42, 44; 2/53，具有類似說法可見。2/53中王陽明說：「夫物理不外於吾心，外吾心而求物理，無物理矣。遺物理而求吾心，吾心又何物邪？心之體，性也，性即理也。……求理於吾心，此聖門知行合一之教，吾子又何疑乎？」

⓾ 見❾。

⓫ 程子：《濂洛關閩書》，8/2a；朱熹：《語類》，書院本（一八六二—七四），1/1; 1/3; 95/21；又見《朱子文集》，四部叢刊本，58/11。

⓬ 見《王陽明全集》，3/85：「離卻我的靈明，便沒有天地鬼神萬物了。我的靈明離卻天地鬼神萬物，亦沒有我的靈明。」

知識來自於我們對心的活動的知識」。實際上，理學是一種經驗主義，當然這種經驗主義的「經驗」一詞，要比一般所了解的意義更為廣泛。在理學家眼中，現象界與本體界是同一個⓭，強調它們間的差別為的只是方便教導初學者⓮。就連較近

⓭ 程子：《濂洛關閩書》，3/7b; 8/10a; 12/5a。

朱熹：《語類》，1/2；他說明「理」與「氣」是不可分的。理之先於氣是邏輯的先。這一點意即在我們知識所關心到的，其現象世界與本體世界是為一的。又見《濂洛關閩書》，13/4b。

又陸象山前引書，2/19; 34/352。2/19 中所錄陸象山與子爭論時，他反對朱子截然地把現象世界與本體世界分開。他們兩人的不同，是由於他們各自的癖性，而不是由於他們的基本觀念。

又見《王陽明全集》，1/45; 2/50。

⓮ 在為學上，朱熹喜歡從明確，可以傳達的東西始，亦即以格物以致其理；但是陸王學派，則害怕耽研外物而失其途，因此強調當下恢復其失去的本心，因此，對陸王來說，這才是根本的。然而朱子與陸王在為學的路徑雖有不同，但最後的目標則一：亦即是實現潛隱於心中的道德法則。

於二元論的朱子⑮，也曾多次強調宇宙與心的相同⑯，並指出本體界原理的「理」與現象界物質的「氣」也是永不可分的，它們之間只不過是理在邏輯上居先而已⑰。

知是心之本體，心自然會知⑱。因此人被視為萬物之靈，人如我們所說是「天地之心」，並且也是建立天地之心的工具⑲，事實上，在他之外別無所有。

心的道德性質是理學家從孟子那裏得來的另一個理；除道家、法家外，大多數中國思想家的倫理思想都肯定此點。這一點在他們定義知識、知識對象及學習對

---

⑮ Bruce, J. Percy, *Chu Hsi and His Masters*, London, 1923, pp. 100, 120, 141. Huang Siu-Chi, *Lu Hsiang-Shan, A Twelfth Century Chinese Idealist Philosopher*, New Haven, 1944, pp. 23, 44, 49, 56.

⑯ 見《朱子語類》，頁三四九。

⑰ 同上。

⑱ 「知是心之本體，心自然會知。」見《王陽明全集》，1/39。

⑲ 張載：《張子全集》，四部備要本，1/132，張子揭下語自為承擔：「為天地立心，為生民立命，為往聖繼絕學，為萬世開太平。」

象[20]，以及理時，都可以很清楚看見。知識被認為與天理有關，並且就是存天理去人欲的能力。理是道德原理、是非標準，每個人都可在其內心中尋得。學習的對象通常是指正確在各種道德狀況下言動的知識。換句話說，心的內容即是義、理、

---

[20] 道德學家有關這些正常考慮之邏輯程序的觀念，可以從宋朝回溯到原始儒家。《論語》中稱顏回好學，因為他「不遷怒，不貳過」。見《論語引得》，哈佛燕京學社（一九四〇），10/6/3。又「君子學以致其道」，同上書，30/19/7。又「博學而篤志，切問而近思，仁在其中矣」。同上。孟子認為了解人倫關係即是三代共有的教育制度——「學」的作用。《孟子引得》，19/3A/3。孟子還認為「義」就像味聲色這種感官對象一樣，是心官的對象。同上書，44/6A/7。至於理學家中，我們無法盡舉，我只略舉數端。朱熹：《濂洛關閩書》，13/11a–b; 15/12a。《陸象山全集》，15/125; 20/135; 21/166; 22/105; 32/240; 34/255; 35/281, 288, 294, 301, 308。《王陽明全集》，1/42, 46; 2/54, 57, 61, 64, 65–66, 70; 3/75。

仁[21]。雖然致知的門徑互不相同，但基本上他們對心的本性的看法則是一致的。朱子由於強調「格物」，因此我們可能認為發現到了有些人對客觀事物也有興趣，而不只是對心及其內在本性而已。但是當我們發現這種格物的真正結果是「而一旦豁然貫通焉……而吾心之全體大用，無不明矣」[22]，則將可能充滿失望之情。在其他相關文字裏，朱子也跟陸象山一樣，將心與理視為一樣[23]。這種精神上的相似，說

---

[21]《孟子引得》，44/6A/7, 11; 52/7A/21; 58/7B/35。
程子：《濂洛關閩書》，11/7b。
朱熹：《濂洛關閩書》，13/3a; 14/7a。
《陸象山全集》，1/3, 6, 11–95; 19/150; 22/173; 32/237, 239。
《王陽明全集》，1/37, 44, 46; 2/53。

[22] 朱熹：「而一旦豁然貫通焉……而吾心之全體大用，無不明矣」，《四書集註讀本》，上海（一九三六），《大學》，1/6。

[23] 朱熹：《濂洛關閩書》，13/5a; 15/5a; 19/15a。

明了兩個在哲學問題上相互激烈爭辯的人，何以會互相表示尊重和佩服之故[24]。因此，「格物」、「窮理」、「致知」等，並不是指常人所了解的「物」、「理」、「知」；「物」不是獨立於心外存在的客體，它與人際關係和道德規範有關。「理」不是事物的原理，而是事物整體中的道德原理。「知」也不是可檢證有關物理事實的知識，而是道德本性的知識[25]。

然而，這並不是否認他們也能思考有關自然事實的知識[26]。但是對他們來說，這些事實並不是獨立於心外。我們前面引過王陽明把宇宙看成是依賴於心的說法。

---

[24] 見戴靜山：〈朱子與陸象山的交誼及辯學的經過〉，《大陸雜誌》，卷八期一，頁一一一一四（一九五四，一）。

[25] 朱熹：《四書集註讀本》，《大學》，1/2；《中庸》，1/23。
《陸象山全集》，12/102; 34/258。
《王陽明全集》，1/39, 46; 2/54, 66, 68; 3/73–74, 82–84。

[26] 《王陽明全集》，1/44; 2/57, 64。

同樣地，他認為山中的花，只有在人見了它時，它才綻放其光采[27]。但是自然事實的知識則常常被認為是養心致靜的障礙，因此被判為惡。幾乎所有理學家都把感官之知和德性之知分開，並強調道德本性的重要[28]。因此，知不是知解或邏輯的過程；而是嚴格道德生活所得的直覺了悟。他們的知識對象是價值而不是物理事實；他們的方法是直覺而不是邏輯。

我們前面說過心的本質是「知」[29]，心自然能知。率性而後心就能行能知，或

---

[27] 同上，3/79。

[28] 《論語引得》，30/15/3。
程子：《濂洛關閩書》，11/10b。
張載：《濂洛關閩書》，2/7b, 17a；又見《張子全書》，2/21。
《陸象山全集》，15/123。
《王陽明全集》，1/48, 49; 2/57; 3/74。

[29] 見[18]。又朱子於其注解中說：「盡其心，知其性也。知其性者，則知天矣。」見《四書集註讀本》，《孟子》，2/1；《王陽明全集》，1/45; 2/55; 3/84–85。

者說能通，由於心能通，於是物便可知了。由於知識對象是道德的價值，所以心必然忙於內在道德本性的修養。這種心所仰賴的內在省視，將心的本質呈顯給人自心的靈眼。在這點我們認識到「萬物（即道德價值或理）皆備於我矣」，以及心本來就是可知且清澈透明的。並且我們也看到，只有在「物」這個字被看成道德價值時，「萬物皆備於我矣」或「宇宙便是吾心、吾心便是宇宙」的說法方才有意義。換句話說，這些哲學家認為心是一道德秩序，每一個人都有這個本然之心，因此有成聖成賢、成堯成舜的潛能。

雖然每一個人都有一個本然為善的心，但是當它從事發用之際，它就受到物慾、私慾、思想及行為的習性所遮蔽，或受天生混雜的氣質所淆混。這種遮蔽即是惡或無明[30]。心在這裏被看成是一個暫時失去的樂地，整個「學」的歷程即是要以

[30] 程子：《濂洛關閩書》，11/1b, 2b。
《陸象山全集》，1/5; 3/28; 5/43; 14/117; 15/129; 32/241; 35/291, 294。
《王陽明全集》，2/61, 63; 3/75, 82–84。

至誠澄清這個無明以恢復本心㉛，「學問之道無他，求其放心而已矣。」㉜以王陽明的話說：「反樸歸淳」㉝。

由於心的本質是知，而且「放心」即是失去本心，所以「求其放心」，事實上即是嘗試除去這些私慾物慾而讓良知照耀其光輝。王陽明稱此為「致良知」。它所以如此稱呼，是因為它直覺的知道什麼是對、什麼是錯的。而不用對任何心外之物做推論㉞。尤其良知是一個人行為的出發點，就如同行為是一個人良知的完成㉟。

㉛懷德海 (Whitehead) 將宗教定義為：「宗教是澄清內在的信仰，由此，原本的宗教情操是真誠的，一種富於穿透的真誠。」見其所著 *Religion in the Making*（《形成中的宗教》，New York, 1926, p. 15）。

㉜《孟子引得》，45/6A/11。

㉝《王陽明全集》，1/39。

㉞《孟子引得》，51/7A/15；《王陽明全集》，2/61, 64, 65; 2/76; 3/78, 79。

㉟《王陽明全集》，1/38; 2/53。

知即行，不能行即是因為沒有真正的知，在良知一瞥當下，整個道德世界與其所有的理都呈現了出來。實際上，此舉一經完成，就不再有任何對錯善惡的問題，因為這樣所恢復的道德秩序，就是靜謐不移，完全不受物慾私慾邪惡影響染污的本心狀態。

另一種恢復本心的方法是擴充心的道德能力，但這種能力不是知，而是愛㊱。藉著除去私慾，人靈明的心便寂然不動，此寂然不動最後經由虛明的工夫而達致於通；而心之為愛，則是活動的，這個活動最終並經由虛靜和動直而達致公溥㊲。「仁者渾然與物同體。」㊳

㊱ 見㉑。

㊲ 周敦頤：《周濂溪全集》，正誼堂本，5/38。

㊳ 程顥：《二程語錄》，正誼堂本，2/3b：「仁者渾然與物同體」；又見：《濂洛關閩書》，程子部分，3/11a。

張載：〈西銘〉，《濂洛關閩書》，2/1–3b。

《王陽明全集》，2/58。

個人之心和宇宙之心的合一，可能暗示個人之心最後必完全被收納於宇宙之心中，並因此而失去它們的合一性和個別性。然而，這不是理學家的結論，對他們來說，所有個別的心在任何質上都同樣是善的，它們只有量的不同，因而此中的差異不但解釋了人精神才能上的差異（因為有些人天生即為聖賢，有些人則否），並且也為每一個人在這個秩序井然的世界中立定了一個確定的地位。這一差異並不是指它們有任何的不均平，因為金子總是金子，並不需要管它的量為如何㊴？每一個人都被認定要擔負一個獨特的任務，而哲學家的任務即是要幫助人找出其自己的任務，以及教導人如何完成其任務。這一點意即：物物各得其所㊵。社會階層應視為自然的分工，「自然」這一字是刻意使用的，因為根據儒家的看法，社會關係就是天倫。朱熹說：「君臣之義，與生俱生，果非從外得也。」㊶社會是心具體的表現，

㊴同上，1/46–57。

㊵此句首出於《易經》，見《周易引得》，45/hsi–hsia/2；同上書，1/1/tuan中有「各正性命」，其意相同。此句是程顥所引用，見《二程遺書》，11/15; 12/1。

㊶朱熹：《濂洛關閩書》，15/12b中有「君臣之義，與生俱生，果非從外得也」。陸象山亦說：「彝倫在人，維天所命。」前引陸書，19/152。

在心中，所有這些關係都曾隱然地為清晰明白的，即使它在寂然不動的狀態下亦是如此。因此，理想狀態應是每一個人的心都要得到完全發展，完全實現；一個社會中，每個分子為整體而工作在一起，卻又能不失掉他自己的個別性。

上面是理學家對心的看法的簡略敘述，它為我們在起文部分所設定的問題投予了一線光明嗎？我的答案是一個肯定的「是」字！現在讓我們來考慮知識問題吧！知識的本質是由其對象之本質來決定的，知識的本質也決定了所用的方法。我們看到，理學家和古典關於「心」的理論認為有意義的知識對象是道德事實和價值，而不是物理世界中所能證實的事實。既然如此，研究這些價值所採用的方法便不能是研究物理事實的那一類了。一個物理事實的特徵是：在其他事物中，它具有還元為量的表式，因此切合於精確的數學程式，以及客觀推至感官材料的可證實性。而這些實際上是道德事實或價值所不能有的。因為價值分明是屬於質的，它們在某種狀況下必然與心有關。它們必須直接地、在人心之間藉著同情的了解和深澈的領會被經驗到和相互傳達。它們既不可能被客觀的觀察，也不能被約化成量，因此沒有人能夠不從根本上改變它們的性質而以量來操作它。知識若是藉見聞之知而得到，那麼中國哲學家不會把它看為有價值的，有價值的知識是德性之知，因此我們自然不希望因鼓勵科學發展而造成哲學的支離破碎。然而有趣的是，物理事實的累積和發現是理知的特技遊戲，上焉者，並無何意義；下焉者，則引導心偏離其正道，沉溺不返。這樣的心態不曾能夠發展出一個理知的氣候來，以符合於科學的發展，然而這一種發展的潛能，在名家、墨家和荀子的著作中則仍可發現到。

附帶地，這也解釋了中國哲學家何以沒有提出關於知識可能性及實效性的問題。知識對象隱含地在我們自己心中，每個人必須做的是：在心中訓練自己的理智，以便以絕對的確實性找出一個光采奪目而不能以言語形容的內在世界㊷。

我們提出的第二個問題牽涉到中國哲學家對中國社會現況的各個層面的無言默認。由於心本然是善，並有古聖王堯舜為典型，因此一種「向後看」(backward-looking) 的態度便深植人心。存在於任何特殊時間的社會，即使是不十分完全，看來亦仍像是一隱然在心中的道德秩序的整體呈現。在得自自然或天命的社會關係，

㊷《王陽明全集》，1/41。

它邏輯地要人在其生活中棄絕他們的特殊地位，並減除慾望，直到無所慾求地修養自己內心，而齊同於心靈的悅樂或平和。悅樂是心靈在慾念和滿足慾念的客觀事實中的平衡狀態，這個心理的平衡可以藉改造客觀事實或主觀慾念而獲得。中國哲學家採取的是改變慾望以符合外在的環境，制之於始發並促其改變；然而西方則多採取另一種方式，藉著將慾望顯露於新的條件下而增強其力量。於是這個問題也與我們第一個問題有關，在一個人熱心去除心垢和淨化內在慾望以達致心靈的平靜時，他很不可能對外界現象有興趣，而對外在世界現象的興趣卻正可以導引出科學。

如此，科學和變化與中國哲學家的道德面貌真的水火不相容嗎？我不認為其必然如此，從心的觀點來看，於此有一些預設可以簡要地描繪出來；亦即在一些現代觀念的幫助下，一定可以為科學發展及變化觀念的活化提供一個理論基礎。

根據理學家的看法：「宇宙即吾心」、「吾心即宇宙」。在這個說法中，並沒有排除在演化意義下完全與科學和變化相合致的自然觀點。若心是宇宙，就讓我們以研究心同樣充沛的精力透徹地研究宇宙。這個為心之全體的宇宙，含有許多面，並且若我們要獲得完整的心的見解，則所有這些面一定要研究，「心與道德秩序」應當換句讀成「心與世界秩序」。

由於心本身不可企及，而且我們的知識是來自於經驗；因此，我曾稱理學家關於心的見解是一種經驗主義。首先我們必須考察我們的經驗，以找出我們這個經驗中是否有任何通到心的真正本質的線索。然而，這種經驗的考察並不能擔保自由可以免於偏見，除非對所有顯明性及資料都以一種完全公平的精神來處理。關於對所有顯明性和資料所做的這一公平考察的基礎，有一種心的見解，其基本上雖與理學家的看法相同，可是在事物的整個結構中，將是要承認心之自然面的重要。由於我不能進一步詳細解說這個新見解，因此我準備簡明地指出其發展的主要路徑。

心本身是靜止不動的：它只有在受到影響時才開始活動。我們所說的經驗即是由此活動而得的。影響心的，即來自於心發現其自己的境，當它受到影響，它即走進這一境中。在我們的知識領域內，心及其活動的境從不曾見過是相互隔離地。心範鑄境成形式，而在范鑄它時，心接受以境本性而強加之於它的訓練。心的活動採取不對境之本性行暴的方式，而境也自行合乎於范鑄的心。在被范鑄中，境以限制心活動擴張的律則或範疇的方式來分授它的本質給心。經驗是心在境中浪遊的結果，這個境是另一個我們所認定的原始事實，對於這個事實，就像對於心本身一樣，我們很少談到它。就像知識始於經驗，以及經驗不超出於實際行坐活動，因此心與境永遠地在我們的視界之外。我們只有經驗可用。然而解釋什麼是經驗，亦即是在顯示心詳細考察境的各階段，只要什麼是經驗這個問題清楚了，我們不但可以清楚地得到心的觀念，並且什麼是境的問題，也會有個清晰的概念。

由於經驗是心浪蕩生活的結果，因此很明顯地，它不應該限制於感官經驗之內。任何來自於心的生活的結果都是經驗。因此，經由感官而來之心的活動是為感官經驗，經由知解之心的活動則為思想或知解的經驗，經由審美官覺而來之心的活動是為審美經驗，以及經由道德感之心的活動則為道德經驗。宗教的經驗仍也是一種經驗，但這種經驗則是一種滿足地與終極實在直接接觸的感官結果。

這種較廣泛的經驗概念需要一種持平理解的非化約主義者的境概念。像經驗一樣，這個境不能限制在我們感官所面對通稱為物理的世界。另有許多其他的境與感官的物理世界一樣客觀。我們有：擺在我們知解能力面前的知解世界，擺在我們審美感官之前的審美世界，擺在我們道德感面前的道德世界，以及擺在我們宗教直觀面前的宗教世界。在歷遊各種世界時，心是在各種世界的各種條件下工作的。這些條件表現出這些不同世界造成境之有限能力，以及將心的活動限制於一些可能性當中的本質。它們說明了事物為何是如此而不是如彼。它們賦予這些世界客觀性，它們是律法，這些律法是獨特而又單一的。我們就像有許多律法一樣地在境上也有許多世界。

由於心與境以我們前面所描述的方式相互作用，因此它們必然有一種共同的原素在。心與境相互穿透，這種相互穿透可以理解或對於心與睿智的無知，乃或缺乏境的可理解性來描述。我們可以看到，它們事實上就是同樣一個東西。心所了解的是可理解的，心所不知的，則是不可理解的。當境由心開啟而變得可理解時，它事實上是為心所收攝而成為心的一部分。於是了解可以看成為心企圖將境轉為心的一部分，並因而實現它自身的歷程。然而，這種克勝的歷程完全與境的本質合致。境很有意義地成為了解在各種境中世界所採取的形式。境在其本質中具現出心在克服境時所必須遵循的律法。歷史可以了解為心藉著了解境或使境變成完全以理解而求取完全實現的努力。這乃即歷史是心要把境轉變為心的努力的另一種說法。最終地說，存在的只是心而不是境。

到底為什麼心要讓人對它無知呢？以及為什麼心不永遠都為現實的呢？這是永無答案的問題。也許有些解釋可以由人類經驗來推求。生命就像穀粒中所蓄含的生機，在它要使生命更繁盛之前，首先必須喪失它自己。同樣地，心在它能夠變得更豐富更有意義之前，首先可能要先失去其自己而成為非心（即境）。非心是將心置於自我修養、發展、及進步的歷程中的首要條件。它滿足心走往完全實現的修練的必要訓練。心似乎就像是需要這種完全自覺的嘗試，變得能夠自覺的心，亦即是完全現實化和完全開啟了的心。

心在其浪遊中所遭遇的世界逐一的在其昇進中變奏，這種變奏並且反映於浪遊所造成的經驗狀態。因為各個世界的有限能力都做適當的改變，所以這些世界本質的原理或律法於是就不一樣。限制我們感官的東西來自於物理世界，而物理世界也有其特殊的秩序和原理。同樣地，智識世界、審美世界、道德世界、以及宗教世界，它們每一個都有其自己的特定秩序和原理，亦即有其存在的理由 (raison d'être)。這些世界中每一個都將前一階段或以前各階段拿來當基礎，而在這些基礎上建立一些新的東西。這些新原素並不單是由以前各階段的原理來解釋，並且也以這些原理及適應新階段的新原理的接連來做解釋。由此，我們必須要能夠解釋事物為什麼是如此而不是如彼。一方面，事物意即是各階段情境的本質；另一方面，事物也是心用以導境於正軌的工具。就其作為工具來說，它們一舉便展現出操控者的本質，以及他們所操作的世界的本質來。因而各種世界的理法都展現出為心和境。在這歷程當中，「心」的引入，尤其是心的生活當中最具意義的事了，因為它是心的自我意識，或者說自我實現，並在這種自我實現的庇照下，早前世界中的意義於是就變得很清楚了。心就像康德所說是自然的立法者。不管自然的或人的歷史，其所以可能都是由此開始，宋明儒稱人為宇宙的心，這是很有理由的。

在某種意義下，整個歷程也可以認為是本心的恢復，並且在這種情況中，所有形式顯然都是完善無瑕的。各種世界中，秩序與原理的引入是心對其本性逐漸開啟的結果。在心的進革當中，由於各領域貫串成一體，因而帶來了民胞物與之感，此點可見於張載雄渾的〈西銘〉一文，以及程顥所揭櫫仁人與天地萬物為一體的道理中。

確實，這種洞見是直覺而神秘的，是行動及玄思生活的結果。然而人應在內心中玄思，而不該在外逐物不返的說法應是沒有什麼問題的，因為在心漫遊於各個領域時而對其加以訓練，那麼前述說法對於緣飾於具有廣泛經驗及深刻見識的智者所言的，便不會失卻其有效性。藉由承認心於其全體中的統一性，那麼也不會有片面強調道德問題、或片面偏於邏輯的或形式的問題。它為著重倫理思想的中國哲學家帶來了科學精神，並在同時警告具有科學心靈的學者單以物理原理解釋各種領域的現象所具有的危機。它或許可以促使他們承認純科學文明所具有的危機，以及預止科學文明由於過份膨大的重量而造成的傾塌。

（本文曾於一九五五年三月三十一日華府遠東學會第七屆年會中宣讀）

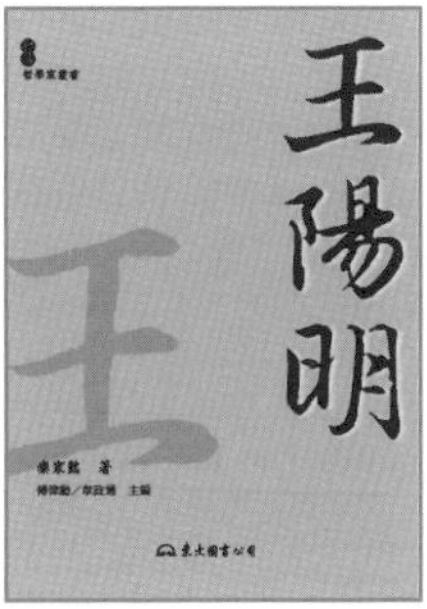

◎王陽明

秦家懿／著

本書直溯陽明本人的遺言，由淺入深，探討他的思想精髓。包括宋明理學、他本人的狂者精神、「心即理」、「致良知說」、「良知本體」的深蘊等內容，並兼論王陽明對於道教、佛教所持的基本態度。王陽明不只屬於中國文化，也屬於日本與韓國，所以本書也針對這部分，有簡單的介紹。

國家圖書館出版品預行編目資料

王陽明：中國十六世紀的唯心主義哲學家／張君勱著;江日新譯.——二版一刷.——臺北市：東大，2021
面；　公分.——（哲學）

ISBN 978-957-19-3280-4（平裝）
1.（明）王守仁 2. 學術思想 3. 陽明學

126.4　　110010804

哲學

王陽明：中國十六世紀的唯心主義哲學家

作　者｜張君勱
譯　者｜江日新

發行人｜劉仲傑
出版者｜東大圖書股份有限公司
地　址｜臺北市復興北路 386 號（復北門市）
　　　　臺北市重慶南路一段 61 號（重南門市）
電　話｜(02)25006600
網　址｜三民網路書店 https://www.sanmin.com.tw

出版日期｜初版一刷 1991 年 4 月
　　　　　二版一刷 2021 年 10 月
書籍編號｜E120730
ISBN｜978-957-19-3280-4

東大圖書公司